선생님,
헌법이
뭐예요
?

## 선생님, 헌법이 뭐예요?
제1판 제1쇄 발행일 2019년 2월 19일
제1판 제6쇄 발행일 2023년 3월 1일

기획 | 책도둑(김민호, 박정훈, 박정식)
글 | 배성호, 주수원
그림 | 김규정
디자인 | 이안디자인
펴낸이 | 김은지
펴낸곳 | 철수와영희
주소 | 서울시 마포구 월드컵로 65, 302호(망원동, 양경회관)
전화 | 02-332-0815
전송 | 02-6003-1958
전자우편 | chulsu815@hanmail.net
등록 | 제319-2005-42호
ISBN 979-11-88215-18-8   73910

ⓒ 배성호, 주수원, 김규정 2019

* 이 책에 실린 내용 일부나 전부를 다른 곳에 쓰려면 반드시 저작권자와 철수와영희 모두한테서 동의를 받아야 합니다.
* 이 책에 실린 사진 중 저작권자를 찾지 못하여 허락을 받지 못한 사진에 대해서는 저작권자가 확인되는 대로 통상의 기준에 따라 사용료를 지불하도록 하겠습니다.
* 잘못된 책은 출판사나 처음 산 곳에서 바꾸어 줍니다.
* 철수와영희 출판사는 '어린이' 철수와 영희, '어른' 철수와 영희에게 도움 되는 책을 펴내기 위해 노력하고 있습니다.

---

**어린이제품 안전특별법에 의한 기타 표시사항**

**제품명** 도서 | **제조자명** 철수와영희 | **제조국명** 한국 | **전화번호** (02)332-0815 | **제조연월** 2023년 3월 | **사용연령** 8세 이상
**주소** 04018 서울시 마포구 월드컵로 65, 302호(망원동, 양경회관)
**주의사항** 종이에 베이거나 긁히지 않도록 조심하세요. 책 모서리가 날카로우니 던지거나 떨어뜨리지 마세요.

# 선생님, 헌법이 뭐예요?

글 배성호, 주수원 | 그림 김규정

철수와영희

[ 머리말 ]

## 대한민국의 주인은 바로 여러분이랍니다!

　우리나라의 주인은 누구일까요? 언뜻 생각하면 우리나라의 주인은 대통령이나 아주 힘이 세고 돈이 많은 사람이라고 생각할 수 있어요. 하지만 우리나라의 주인은 멀리 있지 않습니다. 그게 누구냐고요? 주인이 누구인지 밝힌 곳이 있답니다. 바로 법 중에서도 최고의 으뜸 법으로 손꼽히는 헌법입니다.
　우리나라 헌법에서는 나라의 주인이 바로 이 책을 읽고 있는 여러분을 비롯한 모든 국민이라는 점을 당당히 밝히고 있답니다. 이전에는 황제가 주인이었던 나라여서 나라 이름에 황제를 뜻하는 '제' 자가 들어가 '대한 제국'이라 불렸습니다. 하지만 3·1 운동을 비롯한 독립운동을 펼치면서 우리나라는 국민이 주인이라는 의미로 나라 이름에 백성 '민' 자를 넣어 '대한민국'으로 거듭나게 됩니다. 바로 100년 전에 세워진 대한민국 임시 정부가 그 출발입니다.
　우리나라 헌법에서는 이런 점을 밝히며 대한민국은 국민이 주인이라고 선언을

하였어요. 더불어 대한민국이 어떤 나라이고 무엇을 꿈꾸고 있는지를 담고 있답니다. 하지만 헌법 하면 왠지 모르게 어렵게 느껴지고 우리들과는 멀게만 느껴졌습니다. 이런 현실이 안타까워서 어린이 여러분과 함께 국민이 주인이 되는 헌법 이야기를 생생하게 나누고자 이 책을 쓰게 되었답니다.

    이 책을 읽다 보면 헌법에 담겨 있는 내용들이 바로 여러분을 위해 마련된 선물이라는 점을 알 수 있을 거예요. 국민이 주인이라는 헌법에 담긴 내용을 보면 대한민국의 과거와 현재 그리고 미래를 유쾌하게 살펴볼 수 있답니다. 생활 속에서 마주하는 여러 일도 헌법을 통해 바라본다면 또 다르게 생각해 볼 수 있는 점이 많답니다. 이 책을 벗 삼아 여러분과 주인 된 마음으로 아름다운 나라를 꿈꾸며 헌법으로 떠나는 여행에 초대합니다. 아울러 이 책을 쓰는 과정에서 여러 조언을 해 주신 이승민 변호사님께도 고마움을 전합니다.

배성호, 주수원

머리말 : 4

# 1장
## 헌법이 뭐지? 11

1. 헌법은 사람들이 품었던 희망, 안전지대.................15
2. 악법도 법이다?.................................................21
3. 헌법 전문으로 본 자랑스러운 대한민국의 역사(1) :
   3·1 운동으로 세워진 대한민국 ................................26
4. 헌법 전문으로 본 자랑스러운 대한민국의 역사(2) :
   4·19 혁명으로 쟁취한 민주주의..................................32
5. 헌법, 나무가 아닌 숲을 먼저 보도록 하세요.................38
6. 총강, 우리나라는 어떤 나라일까 ..........................44

# 2장
# 헌법은 우리의 권리 모음 53

1. 우리는 모두 인간답게 살 권리,
   행복을 누릴 권리가 있어요!..................................................57

2. 우리는 모두 똑같은 인간이에요,
   평등할 권리가 있어요!........................................................70

3. 스스로 결정하고 무엇이든 할 수 있어요,
   자유로울 권리가 있어요! .....................................................80

4. 정치에 참여하고 국가에 요구해요,
   사회의 주인으로서 바꿔 나갈 권리가 있어요! ....................94

5. 행복한 사회에서 살아가야 해요,
   좋은 사회를 만들 권리가 있어요!.......................................104

# 3장
## 헌법을 지키는 방법

1. 헌법 아래 법률을 만드는 국회 .................................. 122
2. 대통령도 헌법을 지켜야 한다! ................................. 132
3. 헌법은 우리 모두가 함께 지키고
   만들어 가는 것이에요! ....................................... 140

부록 : 대한민국 헌법 ............................................ 155

선생님,
헌법이
뭐예요
?

# 1장 헌법이 뭐지?

헌법 하면 어떤 생각이 떠오르나요? 사실 헌법은 제헌절 같은 기념일이 아니면 생활 속에서 생각하기가 쉽지 않지요. 헌법 하면 다소 딱딱하고 멀게만 느껴질 수 있어요. 더더욱 어린이에게는 상관없는 일처럼 느껴질 수도 있어요. 하지만 헌법은 우리 생활 곳곳에 맞닿아 있어요. 1장에서는 알고 보면 우리와 가까운 헌법과 다채롭게 만나면서 헌법을 새롭게 알아볼 거예요.

## 헌법 재판소의 판결로 바뀐 대한민국의 새로운 역사

헌법이 우리에게 확 다가선 날이 있었어요. 바로 2017년 3월 10일이에요. 이날은 우리나라의 새로운 역사가 시작된 날이에요. 과연 무슨 일이 있었을까요? 이날은 온 국민의 관심이 헌법 재판소에 쏠렸어요. 그래서 실시간 뉴스로 헌법 재판소의 판결이 중계되었어요. 이날 헌법 재판소의 판결은 우리나라뿐 아니라 전 세계에서도 큰 관심을 가졌어요. 그래서 외국 기자들도 엄청나게 몰려들었어요. 그렇게 세계의 관심이 쏟아진 이날 오전 11시 23분, 헌법 재판소에서는 헌법에 기초해서 역사적인 판결을 내렸어요.

이날 헌법 재판소의 역사적인 판결 결정문은 다음과 같아요.

"피청구인 대통령 박근혜를 파면한다."

이 판결이 내려지고 수많은 사람이 박수를 치고 서로 얼싸안았어요. 사실 이 판결이 있기까지에는 수많은 국민이 추운 겨울 날씨에도 아랑곳하지 않고 매주 모여 꾸준히 촛불을 밝히며 대한민국을 바로 세우기 위해 노력했기 때문이에요.

대통령을 파면한 이 판결은 헌법 재판소에서 이뤄졌어요. 헌법을 바탕으로 대통령을 파면한 헌법 재판소의 판결로 인해 대한민국의 역사가 바뀌었어요. 도대체 헌법이 무엇이기에 대통령을 파면하고 또 새로운 역사를 쓰게 되었을까요?

# 1. 헌법은 사람들이 품었던 희망, 안전지대

　헌법은 대한민국의 역사를 바꿀 수 있는 힘이 있어요. 그러나 헌법은 국가나 민족 등의 거창한 이야기만을 담고 있지 않아요. 평범한 어린이들이 생생하게 살아가는 삶의 이야기도 헌법과 관련이 있어요.

　우리는 평상시에는 우리가 국가의 주인이라는 사실을 잊어버린 채 지내요. 국가에 무언가를 요구해야 한다는 생각은 하지만 우리 스스로가 이 나라의 주인이라고 생각하기는 쉽지 않기 때문이에요. 하지만 헌법에는 국민이 이 나라의 주인이며 우리가 바라는 국가의 모습에 대해 다양한 이야기가 담겨 있어요.

　국가의 주인으로서 우리가 바라는 국가의 바람직한 모습은 당장의 현실과는 거리가 있기도 해요. 그래서 헌법은 그저 좋은 말들일 뿐이라고 생각할 수도 있어요. 하지만 헌법에는 많은 사람의 희망과 기쁨뿐만 아니라 아픔과 고통 등이 담겨 있답니다. 헌법은 이처럼 국가의 주인들이 내는 다양한 목소리라고 이야기할 수 있어요. 고통에 울부짖는 소리도 담겨 있고, 더 나은 미래를 그리는 희망의 이야기도 담겨 있거든요. 여러분 또래 친구들의 목소리도 담겨 있어요. 그래서 선생님은 헌법을 '여러 사람이 품었던 희망'이라고 첫 번째로 이야기하고 싶어요.

여러분이 희망하는 우리나라의 모습은 어떤 걸까요? 당장 떠오르지 않는다고요? 괜찮아요. 우리보다 앞서서 고민하고 먼저 얘기했던 희망들을 살펴보면서 우리도 하나씩 생각해 가면 되니까요.

자, 그럼 시간을 거슬러 올라 1987년의 역사적 현장으로 가 볼까요? 다음 사진은 현재 우리가 마주하고 있는 헌법이 만들어지는 계기가 되었던 사람들의 희망의 목소리가 담겨 있어요.

사진을 보면 눈에 들어오는 글이 있어요. "고문 없는 나라에서 살고 싶다"가 눈에 들어와요. 과연 무슨 일이 있었던 것일까요?

1987년 1월 서울대학교 3학년 학생이었던 박종철은 한밤중에 하숙집으로 들이닥친 경찰 6명에게 잡혀갔어요. 박종철을 잡아간 경찰들은 거짓 자백을 받아 내기 위해 물고문을 했어요. 경찰이 원하는 답을 할 때까지 계속해서 박종철을 물에 빠뜨려 숨을 못 쉬게 했어요. 그런 고문 끝에 안타깝게도 박종철은 목숨을 잃었습니다. 당

시 경찰은 "책상을 '탁' 치니 '억' 하고 죽었다"는 거짓말로 이 사건을 숨기려 했어요.

사진은 당시 전두환 정권의 독재 정치를 위해 죄 없는 박종철을 죽음으로 몰고 간 것에 항의하려고 수많은 사람이 거리로 나와 민주주의를 외쳤던 모습이에요. 바로 1987년 6월 민주 항쟁의 사진이죠. 경찰이나 검사라면 범죄자를 잡고 시민을 지켜 줘야 하는 사람들인데 죄 없는 이들을 고문하고 죽였던 이상한 시대였죠. 심지어 그때는 대통령을 선거로 뽑지 않고 군인이 자기 마음대로 대통령이 되어 독재를 했던 시절이었어요. 영화 〈1987〉은 이러한 이야기를 배경으로 하고 있어요. 두 번 다시 반복되어서는 안 될 가슴 아픈

영화 〈1987〉 포스터.

사연들이 담겨 있죠. 어려운 상황 속에서도 희망을 열어 간 사람들의 이야기에 귀 기울여 보세요.

　1987년 4월 전두환 정권은 국민이 직접 대통령을 뽑는 선거를 치를 수 없다고 발표했어요. 이에 국민은 대통령을 국민이 직접 뽑아야 한다며 성명을 발표하고 항의했어요. 하지만 전두환 정권은 국민의 요구를 받아들이지 않았어요. 이러한 상황에서 박종철이 고문으로 숨진 사실을 축소하고 숨기려 했던 일이 드러났죠. 이에 1987년 6월 10일 수많은 사람이 거리로 나와 민주주의를 외치며 시위를 벌였어요. 당시 시위에 참여한 연세대학교 이한열 학생이 경찰이 쏜 최루탄에 맞아 목숨이 위태로워졌어요. 이로 인해 전국 각지에서 시위가 벌어지면서 전두환 정권은 위기를 느껴 마침내 국민의 뜻을 따르기로 했어요. 국민이 직접 대통령을 뽑을 수 있는 대통령 직선제를 실시하겠다고 발표했지요.

이후 대통령 선거 제도 변화를 주요 내용으로 하는 국민 투표가 이뤄져 90%가 넘는 압도적인 찬성으로 지금 우리가 마주하고 있는 헌법이 새롭게 만들어졌어요. 이로 인해 독재를 위해 만든 유신 헌법 이후 15년 만에 대통령 직선제가 시작되었어요.

1987년 6월 민주 항쟁은 우리나라의 역사를 바꾼 중요한 사건이었어요. 국민의 힘으로 독재를 끝내고 국가의 폭력으로부터 국민을 보호할 수 있게 되었죠. 그래서 6월 민주 항쟁이 시작된 6월 10일이 기념일로 지정되고 교과서를 비롯해 영화와 책 등을 통해 널리 소개되고 있어요.

지금은 고문이 사라졌지만, 여전히 위험은 있을 수 있어요. 그래서 우리를 지켜 주는 파수꾼이 필요해요. 그러므로 선생님은 헌법에 대해 두 번째로 '안전지대'라고 이야기하고 싶어요. 혹시 차 사고가 발생하면 여러분을 보호해 주는 안전벨트, 또는 나쁜 일이 생기지 않도록 막아 주는 울타리와 같지요. 헌법은 사고가 났을 때 우리를 보호해 주기도 하고, 사고 자체가 일어나지 않도록 막아 주기도 하는 장치라고 할 수 있어요.

　사람은 혼자 살 수 없기에 함께 모여서 가족을 이루고 이웃을 만들어 마을이 되고 더 크게는 사회와 국가를 이루어요. 그런데 우리를 보호하라고 만든 국가가 제 역할을 못할 때가 있어요. 그래서 맨 처음 사진에서처럼 많은 시민이 거리로 나가는 거예요. 거리로 나가서 바로잡는 것도 중요하지만, 그보다 먼저 그런 일이 발생하지 않도록 우리끼리 약속을 잘 만드는 게 더 중요해요. 헌법은 여러 사람의 희망과 함께 이런 일이 생기지 않았으면 좋겠다는 걱정도 담아 '이런 나라를 만들자'라고 한 약속이에요. 우리는 모두 이 약속이 잘 지켜지는지 살펴야 해요. 나라가 헌법대로 운영되는지 잘 살펴야 하죠. 때로 나라가 잘 운영되지 않으면 촛불을 밝히며 나라를 바로 세우기 위해 주인의 역할을 하기도 하고요. 그러려면 우리 스스로 이 약속을 잘 알고 있어야 해요. 자, 이제 헌법이 여러분과 상관없는 일이 아니라는 걸 알겠죠?

# 2. 악법도 법이다?

 알고 보면 법에는 아주 흥미진진한 이야기와 사연이 많아요. 위 그림을 한번 볼까요.
 가운데 있는 이 사람은 누구일까요? 얼핏 보면 나쁜 손가락질을 하고 있는 할아버지 혹은 그리스 신화의 한 장면처럼 보일 수도 있죠. 이 사람은 "너 자신을 알라"라는 말로 유명한 그리스 철학자예

요. 아, 누군지 떠오른다고요. 맞아요, 바로 소크라테스입니다. 소크라테스는 길거리에서 젊은이들과 다양한 생각과 철학에 대해 이야기를 나눴어요. 하지만 나라가 인정하지 않는 신을 인정하고 젊은이들을 타락시켰다는 죄목으로 재판정에 서게 되었어요. 많은 배심원이 유죄 판결을 내려 소크라테스는 사형을 당하게 되었어요. 이 그림은 소크라테스가 독약이 든 잔을 받아 마시려는 순간 제자들이 슬퍼하는 장면이에요. 제자들이 탈출하라고 했지만 소크라테스는 "악법도 법이다"라고 하면서 죽음을 맞이했다고 잘못 알려졌어요.

덕분에 "악법도 법이다"란 말이 유명해졌고, 잘못된 판결이라 하더라도 이를 받아들이는 준법정신으로 가르치게 되었지요. 하지만 소크라테스는 실제 "악법도 법이다"란 말을 하지 않았어요. 그래서 이런 사실을 제대로 알리고자 한 법학과 교수는 『소크라테스는 악법도 법이라고 말하지 않았다』란 책을 썼어요.

그럼에도 교과서에서는 오랫동안 잘못된 소크라테스 일화가 실렸고, 어떤 경우라도 법을 지켜야 한다며 준법정신을 강조했어요. 이상한 일이죠? 이런 상황이 계속 이어지자 헌법 재판소에서는 2004년에 더는 소크라테스 이야기를 준법정신으로 사용하는 것이 적절하지 않다며 교과서를 수정하라고 지적했어요. 헌법 재판소에서 이런 발표를 한 것은 소크라테스 이야기가 잘못 전해졌기 때문이에요. 진정한 준

법정신이란 정당한 법 집행을 전제로 한 것이지, 악법도 법이라며 무조건 따라야 한다는 것은 과거 독재 정권 때 이야기라는 말이죠.

**헌법 재판소에서 지적한 대표적 오류 사례**

| 내용 | 교과서 | 헌법 재판소 지적 |
|---|---|---|
| '악법도 법이다'라며 독배를 마셨다는 소크라테스 일화 | 준법정신 강조 사례 | 준법이란 정당한 법 집행을 전제로 하기 때문에 부적절 |
| 행정 재판 | 행정 기관의 행위로 해를 입었을 때 국가를 상대로 손해 배상을 청구하는 재판 | 행정 기관의 불법 행위를 무효로 하기 위한 재판 |
| 싱가포르의 미국 대학생에 대한 곤장형 집행 | 예외 없는 법 집행 사례 | 반인권적 형벌로서 부적절 |
| 헌법 재판소의 위상 | 가정 법원과 같은 특수 법원 | 헌법이 보장하는 국민의 기본권을 국가가 침해했는지, 법률이 헌법에 어긋나는지를 판정하는 최고 기관 |

\* 출처 : 중앙일보(2004년 11월 7일)

교과서가 틀릴 수 있다는 사실이 신기하지 않나요? 무엇보다 우리가 항상 옳다고만 생각했던 법도 잘못될 수 있다는 점을 다시 생각해 보면 좋겠어요. 교과서의 모든 내용이 잘못되었다거나 모든 법이 잘못되었다는 얘기를 하려는 것은 아니에요. 다만 우리가 한번쯤 의심해 볼 필요가 있다는 말이죠. 지금은 "태양이 지구 주변을 돈다"라고 얘기하면 이상하게 쳐다보지만, 중세 시대만 해도 "지구가 태양 주변을 돈다"라고 얘기하면 잡아가서 죽이기까지 했으니까요.

과거에 만들어진 법 중에도 이상한 법이 많고 잘못된 법이 많아요. 그래서 법률이나 헌법 역시 고정된 게 아니라 계속 바뀌고 있어요. 그렇기에 여러분의 목소리 역시 담을 수 있어요. 헌법은 나이가 많건 적건, 여자이건 남자이건, 어떤 인종이건 상관없이 대한민국 국민의 모든 목소리를 담고 함께하는 약속이니까요. 이제 조금은 더 관심이 가죠? 그럼 선생님과 함께 즐겁게 헌법에 대해 알아볼까요.

승객 여러분, 기장입니다.
보고 계신 헌법은 나라의 구성원들이
합의에 따라 어떠어떠한 나라를 만들자는
국가의 가장 큰 약속입니다.

**다시 정리해 봐요.**

| |
|---|
| 헌법 : 한 나라의 가장 기초가 되는 규범 |
| 법률 : 헌법을 근거로 국회에서 만드는 규범 |

# 3. 헌법 전문으로 본 자랑스러운 대한민국의 역사(1) : 3·1 운동으로 세워진 대한민국

자, 이제 본격적으로 헌법에 대해 알아볼 건데요. 그 전에 먼저 우리가 마주할 글이 있어요. 바로 '전문'이에요.

전문이 뭐냐고요? 전문이 어렵다면 '머리말'을 생각해 보면 돼요. 본론으로 들어가서 이야기하기 앞서 이 이야기가 어떤 이유로 어떻게 시작하게 되었는지를 설명해 주는 글이에요. 그럼 본격적으로 헌법 조문에 들어가기 전에 우리 조상들은 어떤 얘기를 우리에게 들려주고 싶었을까요? 그건 바로 자랑스러운 대한민국의 역사입니다. 전문을 통해 우리는 우리나라 역사를 알 수 있어요. 헌법에서 이처럼 맨 먼저 대한민국의 역사를 다룬 것은 오늘날 우리가 살아가는 대한민국이 어떻게 세워졌는지를 보여 주기 위해서예요. 자, 그럼 첫 구절을 볼까요?

유구한 역사와 전통에 빛나는 우리 대한국민은 3·1운동으로 건립된 대한민국임시정부의 법통과 불의에 항거한 4·19민주 이념을 계승하고,

어때요? 처음 시작부터 말이 어렵지요? 조금 쉽게 풀어 써 보면 훨씬 이해하기 쉬울 것 같아서 아래처럼 살짝 손을 보았습니다.

오랜 역사와 전통에 빛나는 우리 대한민국의 국민은 3·1 운동으로 세워진 대한민국 임시 정부의 법의 계통을 이어받고 있다. 또한 의롭지 않은 일에 저항하며 새로운 역사를 쓴 4·19 혁명의 민주적 정신을 이어 나가고 있다.

헌법은 앞서 국민의 목소리, 약속이라고 했잖아요. 중요한 목소리가 터져 나오고, 중요한 약속을 했던 지점들이에요. 그래서 헌법이 시작되는 〈헌법 전문〉에는 대한민국의 역사가 맨 처음 나오는 것이랍니다. 1919년에 세워졌으니 2019년으로 100살이 되었어요.

3·1 운동은 많이 알고 있죠? 일제 강점기의 아픈 역사를 이겨 내기 위해 힘을 한데 모은 독립운동이에요. 유관순 언니(누나) 이야기를 하면 바로 고개를 끄덕끄덕할 정도이지요.

1919년 3월 1일은 우리나라 곳곳에서 '대한 독립 만세'를 외치며 독

덕수궁 앞 만세 시위 장면.

립운동을 한 날입니다. 유관순을 비롯한 나이 어린 학생에서부터 나이 많은 할머니 할아버지까지 우리 조상들은 일제에 빼앗긴 나라를 찾기 위해 독립운동을 하였지요. 하지만 3·1 운동 이후 일본은 우리나라의 독립을 막고자 독립운동에 참여한 많은 사람을 고문하고 심지어 죽이기까지 했어요.

3·1 운동을 계기로 하여 국내외에서 활동하던 민족 지도자들은, 더욱 조직적이고 적극적인 독립운동을 전개하기 위해서는 우리의 정부가 필요하다는 점을 깨닫게 되었어요. 그래서 국내외의 여러 곳에서 임시 정부가 세워지게 되었어요. 대한민국 임시 정부는 상하이 임시 정부를 중심으로 여러 임시 정부를 통합하여 세운 것이랍니

다. 위의 사진은 대한민국 3년, 즉 1921년 1월 1일 임시 정부 주요 인물들이 찍은 단체 사진이에요.

대한민국은 바로 일제 강점기에 독립을 이루기 위해 노력했던 대한민국 임시 정부로부터 시작되었어요. 사실 이전에 나라 이름은 '대한 제국'이었답니다. 그런 나라 이름이 '대한민국'으로 바뀌었어요. 자세히 보면 '제(帝)'와 '민(民)', 한 글자만 바뀐 것 같지만, 사실 이는 엄청난 변화예요. '제(帝)'는 황제 한 사람을 뜻하지만, '민(民)'은 모든 국민을 뜻하는 말이기 때문이에요. '대한민국'이라는 이름을 풀어 보면 바로 '나라의 주인이 국민'이라는 것을 알 수 있어요. 그래서 헌법 전문 다음에 나오는 헌법 제1조 1항에는 "대한민국은 민주

공화국이다."라는 말이 나오지요. 이렇듯 헌법 전문에는 "3·1 운동으로 세워진 대한민국 임시 정부의 법통을 이어"받았다는 점을 밝히고 있어요.

독립을 위한 조상들의 이러한 노력이 있었기에 1945년 8월 15일, 우리나라는 일제로부터 독립을 맞을 수 있었어요. 그러나 당시 우리의 의사대로 독립 국가를 이룰 수 없었어요. 안타깝게도 38선을 경계로 미군과 소련군이 들어오면서 우리나라는 남북으로 갈라졌어요. 이런 상황에서 국제 연합(UN)의 결의에 따라 1948년 5월 10일 우선 선거가 가능한 38선 남쪽 지역에서만 헌법 제정을 위한 국회의원 선거가 실시되었답니다.

선거로 이루어진 첫 국회의 최대 임무는 대한민국의 기초가 되는 헌법을 만드는 것이었어요. 이에 국회에서는 헌법을 만들어 1948년 7월 12일 국회에서 통과시켰어요. 이렇게 만든 헌법은 7월 17일 국회 의사당에서 공포되었어요. 만들 '제(制)'에 헌법 '헌(憲)'을 써서 이날을 '제헌절'이라 이름 붙였어요.

제헌절은 대한민국이 헌법을 만들고 공포함으로써 독립 국가로 출범하게 되었고, 자유와 평등, 정의의 가치관을 실현하기 위하여 민주주의, 법치주의, 국민의 기본권 보장, 권력 분립 등 민주적 통치 질서가 마련되었다는 것을 기념하기 위해 만든 날이랍니다.

# 4. 헌법 전문으로 본 자랑스러운 대한민국의 역사(2) : 4·19 혁명으로 쟁취한 민주주의

전문에서 볼 수 있는 두 번째 중요한 역사는 4·19 혁명이에요. 대한민국의 시작점이 3·1 운동이었다면, 우리가 되새겨야 할 정신은 의롭지 않은 일에 저항하며 새로운 역사를 쓴 4·19 혁명의 민주적 정신이라고 이야기하고 있어요. 4·19 혁명은 앞서 설명한 1987년 6월 민주 항쟁처럼 독재 정권에 맞서 싸운 혁명이에요. 무엇보다 학생들이 중심이 된 혁명이기도 했어요. 여러분과 같은 초등학생들도 참여했어요. 다음 사진을 볼까요. 1960년 4월 26일 덕수궁 앞에 서 있는 탱크 앞으로 4월 19일에 동급생을 잃은 서울 수송 초등학교 학생 100여 명이 함께 나가고 있어요. "부모 형제들에게 총뿌리를 대지 말라!! 우리는 민주정의를 위해 싸운다"라는 현수막이 보이죠? 당시 자유당과 이승만 정권의 독재와 부정 선거에 맞서 학생들이 나서서 항의했고, 여기에 많은 시민이 호응하며 함께 거리로 나섰어요. 여기

" 역사의 고비마다 우리나라 국민은 거리로 나가 새로운 역사를 만들었어요. 그 자랑스러운 역사 속 대한민국 국민의 목소리가 헌법 전문에 담겨 있어요. "

에는 어떤 사연이 있었을까요?

  1950년대에 이승만 정부는 여러 차례 헌법을 개정하면서 장기 집권을 시도했어요. 1952년 대통령 선거를 앞두고 이승만의 지지 세력이 의회의 다수를 차지하지 못하자 이승만은 고민에 빠졌어요. 당시에는 국회의원들이 대통령을 뽑는 간접 선거였는데 자신이 당선될 가능성이 없다는 것을 깨달았기 때문이죠. 그래서 국민이 대통령을 뽑는 직접 선거로 헌법을 바꾸는 개헌을 통해 다시 대통령이 되었어요. 이후 1954년에 이승만 정부는 다시금 개헌을 해요. 원래 초대 대통령은 두 번까지만 할 수 있다고 정했는데 초대 대통령에 한해서는 이러한 중임 제한 조항을 없앤다는 내용이었죠. 장기 집권을 시도하는 거였어요. 하지만 당시 국회의 재적 의원이 203명이었는데, 개헌 찬성은 135표가 나와서 1표가 모자라 개헌안이 통과되지 못했어요. 그러나 이틀 뒤에 재적 의원의 3분의 2는 135.3333……이므로 사사오입(반올림·반내림)을 하면 135표로 가결될 수 있다는 논리로 개헌안을 통과시켰어요. 수학자까지 동원해서 엉터리로 헌법을 바꾼 것이에요.

  이렇게 해서 1956년 이승만은 대통령에 당선되었으나 이미 국민들 사이에서는 대통령과 여당의 독재에 대한 우려가 커져 가고 있었어요. 그러던 중 1960년 4월 19일 이기붕을 부통령으로 당선시키기 위한 개표 조작이 이뤄졌고 이 사실이 알려지자 부정 선거 무효와 재선거를 주장하는 학생들의 시위가 들불처럼 일어났어요.

    그리고 마침내 정권이 바뀌었어요. 우리 헌법은 이처럼 "의롭지 않은 일에 저항하며 새로운 역사를 쓴 4·19혁명의 민주적 정신을 이어 나가며"라고 얘기하고 있어요.

    우리 국민들 멋있지 않나요? 1919년, 1960년, 1987년, 역사의 고비마다 우리나라 국민은 가만히 있지 않고 거리로 나가 새로운 역사를 만들었어요. 그리고 최근에 있었던 2016년 촛불 집회까지. 그 자랑스러운 역사 속 대한민국 국민의 목소리가 이 헌법 전문에 담겨 있는 거예요. 잊지 말라면서요. 모든 법 중의 최상위 법인 헌법, 그중에서도 맨 먼저 나오는 전문에 이러한 대한민국의 역사가 새겨져 있어요. 전문의 나머지도 살펴볼까요?

조국의 민주개혁과 평화적 통일의 사명에 입각하여 정의·인도와 동포애로써 민족의 단결을 공고히 하고, 모든 사회적 폐습과 불의를 타파하며, 자율과 조화를 바탕으로 자유민주적 기본질서를 더욱 확고히 하여 정치·경제·사회·문화의 모든 영역에 있어서 각인의 기회를 균등히 하고, 능력을 최고도로 발휘하게 하며, 자유와 권리에 따르는 책임과 의무를 완수하게 하여, 안으로는 국민생활의 균등한 향상을 기하고 밖으로는 항

할아버지가 할아버지도 헌법에
기여했다면서 보여 주신 사진인데
할아버지가 어디에 있더라.

구적인 세계평화와 인류공영에 이바지함으로써 우리들과 우리들의 자손의 안전과 자유와 행복을 영원히 확보할 것을 다짐하면서

　어떻게 된 게 문장이 끝나지 않죠? 모르는 말들에 동그라미를 쳐 볼까요? 갑자기 헌법 공부를 그만두고 싶어질 수도 있어요. 하지만 벌써부터 좌절할 필요는 없어요. 한 번에 다 이해할 수는 없어요. 또한 이 전문은 뒤의 조문에 나오는 이야기가 모두 다 담겨 있기 때문에 어려운 거니까요. 그래서 이 부분은 지금은 건너뛸 거예요. 이 책의 맨 마지막에 다시 설명할게요. 그때쯤이면 이 말들이 쉽게 다가올 거예요.

찾았다!
까까머리 꼬마 할아버지.

하지만 마지막 문구 "다짐하면서"만 기억해 주세요. 앞서 얘기했죠? 자랑스러운 대한민국 역사를 만들어 온 우리 국민의 당부라고요. 우리 역시 스스로 우리나라의 주인, 역사의 주인이라는 것을 다시 한번 마음속으로 다짐해 봐요.

### 다시 정리해 봐요.

3·1 운동 : 1919년 3월 1일 일본의 식민 지배 무효와 나라의 독립을 선언한 독립운동

4·19 혁명 : 1960년 3·15 부정 선거 무효와 재선거를 주장하는 학생들의 시위에서 비롯된 혁명

6월 민주 항쟁 : 1987년 6월 10일 독재 정권에 반대하여 민주주의를 외치며 전국적으로 일어난 반독재·민주화 운동

# 5. 헌법, 나무가 아닌 숲을 먼저 보도록 하세요

전문이 끝났으니 이제 1조부터 읽어 볼까요? 총 130개 조문인데 이걸 언제 다 읽을까 하는 생각이 들 수 있어요. 어떤 친구는 판사, 변호사, 검사처럼 법조인이 되려면 조문을 다 외워야 하나 싶을 수도 있고요. 하지만 그럴 필요가 없어요. 법조인들 역시 법전을 보면서 조문을 살펴보거든요. 헌법의 전체 130개 조문이라 하더라도 법조인들 역시 잘 기억나지 않는 조문도 제법 있어요. 머릿속에 조문을 마구 집어넣지 않아도 돼요.

무엇보다 우리는 개별 조문을 하나하나 살펴보기에 앞서 전체 그림, 즉 숲을 볼 필요가 있어요. 본격적으로 헌법과 만나기에 앞서 여러분에게 하고 싶은 말은 나무를 보지 말고 숲을 보라는 겁니다. 무슨 말이냐고요? 다음 이야기를 통해 알아볼까요.

페루 남쪽 나스카 사막에 가면 거대한 그림이 있어요. 거미, 고래, 원숭이, 벌새, 펠리컨 등의 그림이 30개 이상 있으며 소용돌이, 직선, 삼각형과 같은 곡선이나 기하학무늬가 200개 이상 그려져 있답니다.

흥미로운 건 이 거대한 그림이 1939년에서야 발견되었다는 사실이에요. 워낙 규모가 큰 그림인 탓에 지상에서는 땅을 파낸 선 이외에는 보이지 않았기 때문이었죠. 그림의 전체 모양을 파악하는 것은 하늘에서만 가능했던 셈이고, 20세기 들어서 비행기가 지나다니며 보게 된 것이죠. 지금은 관광객들이 비행기를 타고 거대한 그림을 살펴볼 수 있어요. 그림이 보이나요?

헌법 조문은 하나하나 곱씹어 보면서 이해할 수도 있지만 먼저 우리는 비행기를 타고 나스카 그림을 보듯이 헌법 전체의 모양을 살필 수 있어야 해요. 그래야 헌법이란 큰 그림이 눈에 들어오거든요. 자, 그럼 130개 조문 각각의 나무 위로 쭉 올라가 볼게요. 이 조문들 위를 살펴보면 큰 덩어리는 바로 10개의 장이에요. 10개의 장을 한번 살펴볼까요?

저기가 헌법의 숲이구나.

전문

제1장  총강(제1조~제9조)

제2장  국민의 권리와 의무(제10조~제39조)

제3장  국회(제40조~제65조)

제4장  정부(제66조~제100조)

제5장  법원(제101조~제110조)

제6장  헌법 재판소(제111조~제113조)

제7장  선거 관리(제114조~제116조)

제8장  지방자치(제117조~제118조)

제9장  경제(제119조~제127조)

제10장  헌법 개정(제128조~제130조)

어떠세요? 제3장~제6장은 뉴스에도 매번 나오는 곳들인 국회, 정부, 법원, 헌법 재판소이니 이렇게 한 묶음이라고 할 수 있어요. 입법부, 행정부, 사법부로 사회 교과서 등에서 나온 삼권 분립이 생각나는 대목이죠. 또 어떤 친구는 제6장 헌법 재판소와 제10장 헌법 개정을 묶어 볼 수도 있고요. 둘 다 헌법이 들어가는 이유로요. 헌법과 관련하여 재판을 하고, 헌법을 개정하는 내용이니 다른 곳들과 비교해서 묶을 수도 있겠죠. 또 다른 방법도 있을까요? 정답은 없답니다. 여러 갈래로 생각해 보세요.

여러분만의 묶음을 어느 정도 해 봤다면, 이제 순서를 한번 살펴보세요. 맨 먼저 우리는 전문을 봤죠. 자랑스러운 대한민국의 역사를 전문을 통해 익혔어요. 머리말과 같은 역할이었죠. 그다음에 바로 나오는 게 '제1장 총강'이에요. 법을 보다 보면 '총칙'이란 말이 많이 나와요. '총(總)'은 '전체'라는 뜻이죠. 총괄, 총계 등으로 쓰여요. 이런 의미에서 총강은 헌법의 전체적인 기본 원리를 선언하는 장이에요. 헌법이 모든 법의 기본 테두리를 정해 주는 역할을 하는데 총강은 다시금 다른 장에 앞서서 국민 주권주의, 평화적 통일주의, 세계 평화주의, 문화 국가주의 등 우리 헌법이 채택하고 있는 기본 원리를 일깨워 주고 있어요.

그리고 다음으로 나오는 장이 '제2장 국민의 권리와 의무'예요. 국회, 정부, 법원, 헌법 재판소 등 으리으리한 헌법 기관들을 설명하기 앞서 국민이 얘기되고 있다는 점에 주목할 필요가 있어요. 국민이 있기에 여러 국가 기관도 있는 것이니까요. 또 뒤에서 다시 얘기하겠지만, 국민의 의무를 설명하기 앞서 권리를 먼저 얘기하고 있다는 것도 살펴볼 지점이고요. 차차 설명하겠지만, 헌법은 여러분의 이야기이기도 하기 때문이에요.

자, 이렇게 헌법 전체를 살펴보는 비행이 끝났어요. 거듭 강조하지만 외우려 들지 말고요, 모두 다 이해하려 하지 마세요. 그럴수록 헌법이 어렵게 느껴지고 재미없게 느껴지니까요. 오히려 전체를 설렁설렁 보면서 큰 그림을 보듯 살펴봐 주세요.

자, 그럼 이제 선생님과의 헌법 비행을 끝내고 내려와서 제1장부터 하나씩 살펴볼게요. 하지만 각 장을 살펴볼 때도 전체의 그림 속에

서 장별 조문들을 살펴보고, 또 같은 장 안의 조문들을 공통점으로 묶어 보면서 봐 주세요. 서서히 착륙할게요.

**다시 정리해 봐요.**

권리 : 법에 의해서 개인 또는 단체가 어떤 일을 주체적으로 자유롭게 처리하거나 타인에 대하여 당연히 주장하고 요구할 수 있는 자격이나 힘

의무 : 법적으로 해야 할 일

헌법 기관 : 최고 법인 헌법에 의거하여 설치, 운영되는 기관

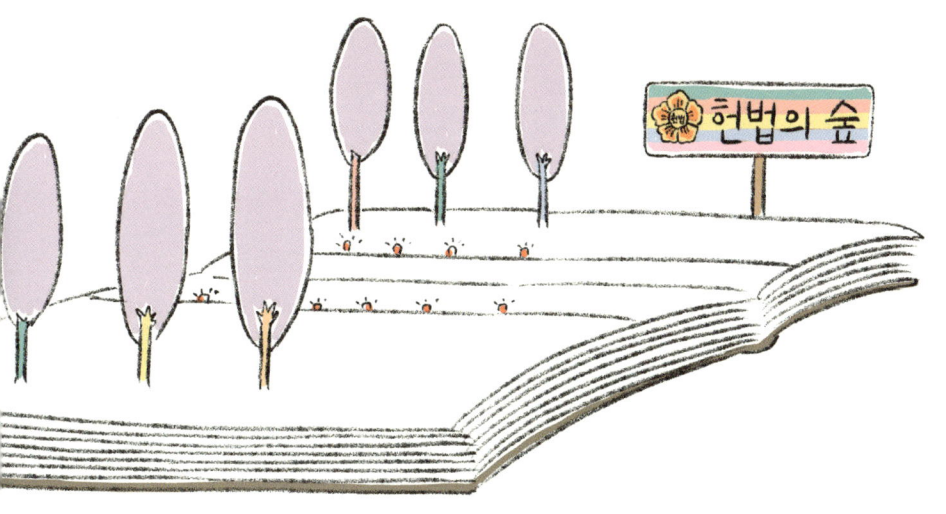

# 6. 총강, 우리나라는 어떤 나라일까

 이제 제1장부터 읽어 볼까요? 총강 부분인데, 총강은 앞서 얘기했듯이 헌법의 공통적인 부분이면서도 우리나라가 어떤 나라인지를 설명해 주어요. 우리나라는 어떤 나라일까요?
 외국인에게 '대한민국' 하면 맨 먼저 떠오르는 단어가 무엇이냐고 물어봤더니, '기술'을 많이 떠올렸다고 해요.

> 대한민국 하면 맨 먼저 떠오르는 단어는?
> 싸이 < 전쟁 < 삼성 < 기술

출처: 외교부(2014년 7월 25일)

 그럼 우리 스스로는 어떠할까요? '아이돌'과 '한류'를 비롯해서 다양한 답변이 나올 수 있어요. 그런데 요즘 많이 나오는 얘기 중에 '헬조선'이란 말이 있어요. '지옥'을 뜻하는 '헬(Hell)'과 근대화 이전의 '조선'이 결합되어 '지옥과도 같은 신분 사회'라는 생각이 담겨 있어요. 청년 실업률이 높아지고 불평등이 심해지면서 생겨난 슬픈 우리 사회의 모습이기도 해요. 또 초등학생들에게 대한민국 하면 떠오르는 것에 대해 물어봤더니 다음과 같은 이야기들이 나왔다고 해요.

> 분단, 한국 전쟁, 맥아더, 인천 상륙 작전, 유엔, 미국과 소련, 아픔, 남한과 북한
> 한옥, 한식, 한복, 비빔밥, 계란, 김치
> 형법, 헌법, 헌법 기관
> 88올림픽, 한강의 기적

출처: 경향신문(2016년 11월 25일)

자, 그럼 헌법에서 우리나라는 어떤 나라로 얘기되는지 볼까요! 먼저 제1조를 볼게요.

**제1조** ❶ 대한민국은 민주공화국이다.
❷ 대한민국의 주권은 국민에게 있고, 모든 권력은 국민으로부터 나온다.

민주 공화국이란 말이 어렵고 낯설죠? 민주 공화국은 민주주의와 공화제를 모두 실시하는 나라를 뜻해요. 민주주의는 익숙하죠? 나라의 권력이 국민에게 있고 국민을 위하여 하는 정치예요. 국민이 주인인 나라라는 말이죠. 공화제는 국민의 투표로 대표를 뽑는 정치이고요. 쉽게 생각해서 군주제나 독재 정치와 반대되는 것이죠.

그럼 이렇게 한번 바꿔 볼게요.

**제1조** ❶ 우리나라는 국민이 주인이고 국민의 투표로 대표를 뽑는 나라이다.
❷ 우리나라의 중요한 결정을 할 권리는 국민에게 있고, 나라를 통치할 힘은 국민으로부터 나온다.

어때요, 조금 와닿나요? 아직도 멀게 느껴진다면 여러분의 집이나 반에 맞춰서 바꿔 볼게요.

**집**

**제1조** ❶ 우리 집은 가족이 주인이고 가족의 투표로 대표를 뽑는 집이다.
❷ 우리 집의 중요한 결정을 할 권리는 가족에게 있고, 우리 집을 통치할 힘은 가족으로부터 나온다.

**반**

**제1조** ❶ 우리 반은 학생이 주인이고 학생의 투표로 대표를 뽑는 반이다.
❷ 우리 반의 중요한 결정을 할 권리는 학생에게 있고, 우리 반을 통치할 힘은 학생으로부터 나온다.

"우리 집은 아빠 마음대로야. 텔레비전도 아빠가 보고 싶은 프로그램만 본다니까!"라고 하는 친구도 있을 테고, "우리 반은 선생님이 다 결정해. 하기는 학생들이 뭘 알겠어."라고 하는 친구도 있겠죠.

사실 집, 학교, 직장 등 모든 곳이 다 민주적이진 않아요. 우리나라 역시 앞서 전문에서 살펴봤듯이 어떤 시기에는 민주적이지 않았어요. 민주 공화국이란 완성된 결과일 수도 있지만 3·1 운동, 4·19 혁명, 6월 민주 항쟁처럼 국민이 계속 노력하며 만들어 가는 과정이기도 하니까요. 그렇기 때문에 헌법에는 이렇게 당당히 우리가 우리나라의 주인이라고 밝혀 놓았답니다.

자, 그럼 총강의 나머지 조항들도 다 함께 살펴볼까요? 아래도 앞에서 했던 것처럼 한번 나눠 보세요.

제1조    국가
제2조    국민
제3조    영토
제4조    통일 지향
제5조    국제 평화 유지
제6조    조약
제7조    공무원
제8조    정당
제9조    전통문화

어디 볼까요? 제1조~제3조의 국가, 국민, 영토가 묶일 수 있다고

하는 친구도 있을 테고요, 제4조~제6조가 통일 지향, 국제 평화 유지, 조약이니까 이를 묶어 보자고 하는 친구도 있을 거예요. 제1조~제3조는 국가를 이루는 요소로서, 제4조~제6조는 국제 관계로서 말이지요. 이렇게 숲을 보는 연습을 하면 좋아요. 그리고 여러분이 관심 가는 조문부터 살펴보세요. 먼저 제4조를 한번 같이 볼까요?

**제4조** 대한민국은 통일을 지향하며, 자유민주적 기본질서에 입각한 평화적 통일 정책을 수립하고 이를 추진한다.

문장이 조금 길기도 하고 어렵죠? 그래서 역시 아래처럼 바꿔 봤어요.

**제4조** 우리나라는 통일을 지향한다. 자유롭고 민주적인 방법으로 평화적인 통일 정책을 만들고 이를 이루기 위해 노력한다.

어떠세요? 우리 헌법에는 통일을 지향한다는 내용이 들어 있을 뿐만 아니라 무력 통일이 아니라는 점을 밝혀 두었어요. 어떤 방법으로요? 바로 "자유민주적"인 방법, "평화적"인 방법이라고요. 힘으로 굴복시키는 게 아니라 함께 대화하고 논의하며 통일의 길을 찾는 것이죠.

자, 그럼 2개 조문만 더 살펴볼게요.

제7조 ❶ 공무원은 국민 전체에 대한 봉사자이며, 국민에 대하여 책임을 진다.
↓
제7조 ❶ 공무원은 국민 전체에 대한 봉사자이다. 따라서 국민에 대하여 봉사자로서 책임을 진다.

제9조 국가는 전통문화의 계승·발전과 민족문화의 창달에 노력하여야 한다.
↓
제9조 우리나라는 전통문화를 이어받아 더욱 발전시키기 위해 노력해야 한다. 또한 우리 민족의 고유한 문화가 널리 확산될 수 있도록 노력하여야 한다.

어떠세요? 우리나라는 어떤 나라인지 조금 감이 잡히나요? "국민이 주인인 나라!", "평화통일을 지향하고 전통문화를 발전시키는 나라!". 네, 여러 원리가 들어가 있죠! 여러분이 넣고 싶은 원리가 있나요?

**다시 정리해 봐요.**

| |
|---|
| 민주주의 : 나라의 권력이 국민에게 있고 국민의 뜻에 따라 움직이는 정치 |
| 공화제 : 국민의 투표로 대표를 뽑는 정치 제도 |

# 우리가 만들고 싶은 나라는?

　1장을 모두 마쳤네요. 어떠세요? 헌법이 조금은 더 가깝게 느껴지나요? 1장을 모두 마쳤으니 여러분과 함께 우리만의 헌법을 만들어 가는 작업을 해 보려 해요. 먼저 우리가 만들고 싶은 나라를 생각해 보는 거예요.

　너무 막연하다고 느낄 수 있어요. "대통령도 아닌데……" 싶을 수도 있고요. 정답을 맞히는 것이 아니니 자유롭게 생각해도 좋아요. 그림으로 그려도 좋고요. 앞서 보았듯이 우리나라의 주인은 대통령이 아닌 국민이에요. 따라서 주인인 우리가 우리나라의 모습을 생각할 수 있어야겠죠?

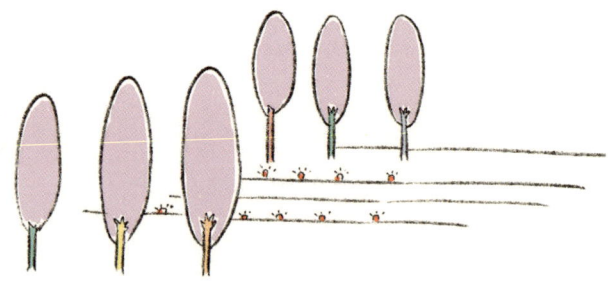

## 우리 친구들이 현재 바라보는 대한민국, 그리고 꿈꾸는 대한민국을 써 볼까요?

**아이들이 본 대한민국**

DMZ 비무장 지대, 대리 운전, 투표, 김치, 야근, 비정규직, 회식, 민주주의, 비빔밥, GMO 유전자 조작 식품, 노동, 정치, 최저 임금, 삼권 분립

과거 공상 과학 소설 속의 상상이 시간이 지나 우리가 직접 체험하고 이용할 수 있는 과학 기술로 현실화했어요. 불과 20년 전만 하더라도 사람들이 길거리에서 핸드폰을 가지고 다니며 통화하는 풍경을 상상할 수 없었거든요.

꿈을 꾸어야 바꿀 수 있어요. 인간은 지금의 현실에서 벗어나 상상하는 힘을 가졌기에 다른 동물과 달리 변화를 이뤄 냈어요. 우리 조상들이 꿈꾸었던 대한민국을 살펴봤어요. 어떤 부분은 이미 현실이 되었고 어떤 부분은 우리가 더 이루어 내야 할 부분이 남아 있어요. 여기에 여러분의 새로운 꿈을 덧붙여 주세요. 자, 여러분이 꿈꾸는 나라를 적어 보세요!

# 2장 헌법은 우리의 권리 모음

앞에서는 헌법의 전문과 총강을 읽으면서, 헌법을 왜 만들었는지 그 이유와 목적을 알아보았어요. 대한민국 헌법 제1장은 대한민국이 어떤 나라이고 주권은 누구에게 있는지 알려 줍니다. 제2장은 국민의 권리와 의무가 무엇인지를 알려 주어요.

헌법의 순서를 따라서, 이 책의 2장에서는 '국민의 권리와 의무'를 좀 더 자세히 살펴보면서 국민, 바로 우리가 누릴 수 있는 권리와 의무에 대해 다시 생각해 보려고 해요.

헌법을 구성하는 첫 번째 요소는 국민의 기본권이에요. 기본권이란 인간이 태어날 때부터 가지고 있는 기본적인 권리를 말하는데, 자유권, 평등권, 참정권, 사회권 등이 있어요. 자유권으로 예를 들면 우리는 모두 하고 싶은 일을 할 수 있고, 살고 싶은 곳에서 살 수 있으며, 자신의 생각을 자유롭게 말하고 표현할 수 있어야 해요. 헌법은 이러한 국민의 기본권을 보장하고 있어요.

헌법에 '기본권'이라는 단어가 나오지는 않지만, 제2장에서 '국민의 권리와 의무'라는 제목으로 제10조부터 제39조까지 총 29개의 조문에 나라를 운영하는 기본 원리인 국민의 권리와 국민의 의무가 나와 있어요.

조금 낯설고 어렵겠지만 헌법이 보장하고 있는 권리들을 조문별로 찬찬히 들여다보면, 헌법은 의무를 내세우기 전에 나라의 주인인 국민의 권리를 먼저 이야기한다는 사실을 알 수 있어요.

자, 이제 본격적으로 우리가 국민으로서 어떠한 권리와 의무를 가지고 있는지 하나하나 알아볼까요?

| | |
|---|---|
| **제10조** | 인간의 존엄권, 행복 추구권, 인권의 불가침성 |
| **제11조** | 평등권 |
| **제12조~제23조** | 자유권 |
| **제24조~제25조** | 참정권 |
| **제26조~제30조** | 청구권 |
| **제31조~제36조** | 사회권 |
| **제37조** | 권리의 제한 |
| **제38조~제39조** | 의무 |

헌법은 국민의 권리인 기본권,
즉 기본 인권이 무엇인지 알려 주는구나.

# 1. 우리는 모두 인간답게 살 권리, 행복을 누릴 권리가 있어요!

**제10조** 모든 국민은 인간으로서의 존엄과 가치를 가지며, 행복을 추구할 권리를 가진다. 국가는 개인이 가지는 불가침의 기본적 인권을 확인하고 이를 보장할 의무를 진다.

## 행복권은 무엇일까요?

'존엄', '가치', '불가침'이라는 단어들이 조금은 낯설게 느껴져요. 이 조항을 조금 더 쉽게 설명하면, 우리나라 국민은 모두 인간으로서 한없이 고귀하고 가치 있을 뿐만 아니라, 누구나 행복을 추구할 권리가 있으며, 국가는 국민 한 사람 한 사람의 기본적인 권리를 그 누구도 침해하지 못하도록 지켜 주어야 한다는 말이에요.

헌법에서는 그 무엇보다 먼저 국민의 권리를 이야기해요. 헌법에서 보장하는 국민의 권리 가운데 우리가 맨 먼저 살펴보아야 할 조항은 바로 제10조예요. 국가의 구성원이기 이전에, 한 인간으로 태어났기에 가지는 권리를 이야기하기 때문이지요. 인간이라면 태어나는 순간 누구나 마땅히 가지는 권리라는 의미로 '인권'이라고 해요. 민주주의 사회의 기본이 되는 권리라는 의미에서 '기본권'이라고도 불러요.

우리나라 헌법은 인간의 존엄성과 행복을 추구할 권리를 보장하기 위해 기본권을 정해 두고 있어요. 기본권은 민주주의 사회에서는 절대로 시민들이 서로 침해할 수 없는 권리로, 인간의 존엄과 가치를 위한 실질적인 권리를 말해요.

그런데 행복을 추구할 권리란 대체 무엇일까요? 여러분이 언제 행복한지 한번 생각해 보세요. 누군가는 고통이나 불쾌감이 없을 때 행복할 수도 있고, 또 어떤 친구는 무언가에 무척 만족할 때 행복할 수도 있어요. 이렇게 행복의 기준은 저마다 다르지만, 누구에게나 자신이 추구하는 행복을 따라 생활할 권리가 있어요. 우린 모두 행복하기 위해 사는 존재이니까요.

제10조는 이러한 권리뿐만 아니라 국민의 인권과 행복을 보호하기 위한 국가의 의무 역시 명확히 드러내고 있어요. '불가침'이란 침해할 수 없다는 뜻이에요. 아무리 국가라고 해도 우리의 기본적인 인권을 함부로 건드리거나 빼앗아서는 안 돼요. 동시에 국가는 우리

가 이러한 기본적인 인권을 침해당하지 않도록 보장해 줄 의무도 가지고 있어요.

〈세계 인권 선언〉의 제1조를 읽어 보면, 우리 헌법 제10조의 정신과 〈세계 인권 선언〉의 정신이 맞닿아 있는 걸 알 수 있어요. 1948년 국제 연합 인권 위원회가 완성한 〈세계 인권 선언〉은 모든 사람과 모든 민족, 모든 국가가 공통으로 존중해야 할 인권과 기본적 권리를 인정한 선언이에요.

"모든 사람은 태어날 때부터 자유롭고, 존엄성과 권리에 있어서 평등하다. 사람은 이성과 양심을 부여받았으며 서로에게 형제의 정신으로 대하여야 한다." 〈세계 인권 선언〉 제1조

우리가 태어난 목적은 행복해지기 위해서라고.

## 역사적으로 살펴볼까요?

"모든 인간은 존엄한가"

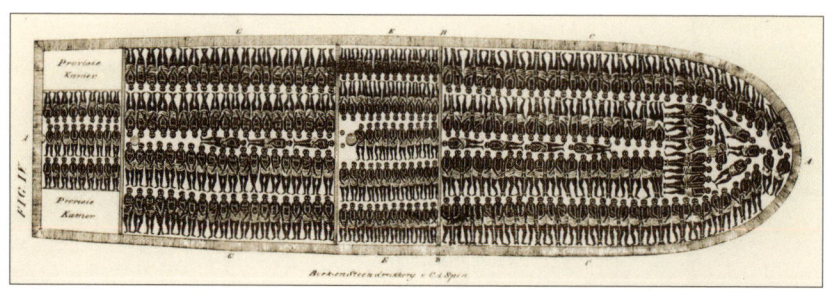

노예선 설계도의 한 장면.

위의 그림은 무엇일까요? 자세히 보면 사람들이 한 공간에 빈틈없이 빼곡히 들어차 있어요. 아프리카에서 사람들을 강제로 잡아들여 아메리카 대륙으로 태워 보냈던 노예선의 설계도 모습이에요. 노예 사냥꾼들은 아프리카 사람들을 사람으로 생각하지 않았어요. 그저 말할 줄 아는 가축 정도로만 여겼기 때문에 마치 짐짝을 운반하듯 배에 실어 나른 거예요. 이들 가운데 3분의 1에 해당하는 사람들이 옴짝달싹할 수 없는 비좁은 공간에서 형편없는 식사와 불결한 위생 탓에 목숨을 잃었어요.

1500년대에서 1800년대 중반까지, 적게는 1,200만 명에서 많게는

2,000만 명에 이르는 아프리카 사람들이 노예사냥꾼에게 잡혀 이렇게 유럽이나 미국으로 팔려 갔어요. 그 당시 아프리카 사람들은 인간으로서의 존엄을 전혀 인정받지 못했던 거죠. 1865년에 미국의 링컨 대통령이 노예 제도를 폐지했지만, 그 후로도 100년이 훨씬 지나서야 아프리카에서 온 노예들이 사람답게 살게 되었어요. 우리나라도 불과 130년 전인 1886년까지만 해도 태어날 때부터 천민과 양인으로 신분이 나뉘어 있었어요. 모두 똑같은 사람인데도 노비나 백정 등은 사람으로서 제대로 된 대우를 받지 못했죠.

우리나라 헌법 제10조에는 "모든 국민은 인간으로서의 존엄과 가치를 가지며"라고 나와 있어요. 따져 보면 인간의 존엄성은 가장 근본적인 가치이고, 인간의 존엄과 가치는 국민의 권리이기에 앞서 인간의 권리예요. 인권의 목적도 결국 인간의 존엄성을 유지하여 인간답게 사는 것이라고 할 수 있어요. 인간답게 산다는 건 어떤 의미일까요? 여러분도 한번 곰곰이 생각해 보세요.

역사적으로 세계 여러 나라에서 여성, 어린아이, 장애인, 성소수자 등을 차별했고, 인종과 민족이 다르다는 이유로 인간의 존엄성을 무참히 짓밟았던 적이 많았어요. 그런 과거의 잘못을 반성하고, 인간이라는 그 자체만으로 존엄하고 가치 있는 존재로 대우하겠다는 의지를 확인하기 위해 인간의 존엄성을 헌법에 담았어요.

## 어떠한 권리가 있을까요?

　국적이나 민족, 지역, 인종, 성별, 연령 등을 가리지 않고, 우리는 모두 인간으로 태어나면서부터 존엄성과 가치를 가진다는 의미는 나뿐만 아니라 너, 그리고 그 누구라도 그렇다는 사실을 인정하고 확인하는 거예요. 인간의 존엄과 가치는 인권 목록이나 헌법 기본권 목록에 나열된 모든 권리에 빠짐없이 스며들어 있어요. 인간의 존엄과 가치에는 인격권, 생명권, 명예권, 초상권 등 다양한 권리가 포함되어 있어요.

**"존엄한 인간으로서 행복을 추구할 권리"**(행복 추구권)

　앞에서 여러분에게 인간답게 산다는 건 어떤 의미인지 곰곰이 생각해 보라고 했잖아요. 인간의 존엄과 가치는 인간다운 삶을 누려야 유지할 수 있어요. 인간다운 삶은 행복을 추구하는 과정에서 이루어 나갈 수 있고요. 행복을 추구하는 과정은 인간을 인간답게 살아가게 하고, 인간으로서의 존엄과 가치를 지키게 해요. 그런 이유로 1980년대에 들어서면서 우리 헌법은 행복 추구권을 인간의 존엄과 가치에 덧붙여 두었어요.

행복의 종류가 있다면, 아마도 그 수는 이 세상 사람들의 수보다도 훨씬 많을 거예요. 사람마다 자신이 처한 상황과 환경에 따라 그 기준과 희망이 다르고, 또 한 사람이 여러 가지를 원할 수 있기 때문이지요. 행복 추구권의 소중한 점은 자신의 행복을 자기 스스로 결정한다는 데 있어요.

인간이라면 누구든지 갖는 권리인 인권으로서의 행복 추구권은, 소극적으로는 고통과 불쾌감이 없는 상태를, 적극적으로는 만족감을 느낄 수 있는 상태를 추구할 권리를 말해요. 몇 가지 예를 살펴보면 좀 더 이해하기 쉬울 거예요.

### 장애인의 행복 추구권

지하철을 타다 보면 장애인용 휠체어 리프트를 보는 경우가 많을 거예요. 장애인들도 지하철을 이용할 수 있도록 한 시설이죠. 하지만 이러한 휠체어 리프트는 사고가 나는 경우가 많았어요. 2001년 한 전철역에서 설치된 지 6개월도 안 된 수직형 휠체어 리프트가 케이블이 끊어지며 5m 아래로 추락해 70대 여성이 사망한 사건이 대표적이에요. 장애인들은 안전한 승강기 설치와 장애인들도 탑승할 수 있는 저상 버스 도입을 요구했어요. 비장애인들은 당연하게 누려

장애인에게는 꼭 필요한
행복 추구권이구나.

왔던 쉽게 이동할 수 있는 행복이 장애인들에게는 보장되지 않았던 거죠.

흔히 대중교통 수단이라고 하는 지하철이나 버스, 택시에는 장애인을 위한 시설과 장비가 턱없이 부족하고 안전 관리도 허술하다고 해요. 그래서 장애인들은 자신이 원하는 곳을 마음대로 갈 수도 없어요. 집 밖을 나서는 순간 온갖 위험을 감수해야 하기 때문에 대부분의 장애인은 주로 실내에서 생활할 수밖에 없는 거예요. 이것은 자신이 가고 싶은 곳을 언제 어디든 갈 수 있는 권리(이동권)를 국가로부터 침해당하는 거라고 할 수 있어요. 국가가 장애인을 위한 대중교통 개선에 최선을 다하지 않았기 때문에 장애인의 이동권이라는 행복 추구권을 보장해 주지 못했으니까요.

### 체육 특기생 초등학생의 행복 추구권

여러분도 잘 알듯이, 초등학교를 졸업하고 중학교로 진학할 때는 자신이 살고 있는 지역의 학교에 가도록 법으로 정해져 있어요. 하지만 체육 특기생의 경우에는 자신이 살고 있는 지역의 중학교 중에 자신이 원하는 운동부가 없거나 정원이 초과되면 학교 내에서 운동을 계속할 수 없지요. 그래서 운동을 계속하기 위해 다른 지역의 중학교로 진학을 하려다 보니 위장 전입이라는 불법을 저지르기도 해요.

　이렇게 엄격한 법 적용 때문에 불법 행위를 해야 하는 부당함을 없애기 위해, 초등학교 체육 특기생의 학부모들이 경기도 교육감을 상대로 국가 인권 위원회에 진정을 냈어요. 그리고 얼마 후, 체육 특기생인 초등학생에게 거주지를 기준으로 한 교육장의 관할 지역 내 중학교로만 진학을 제한하는 것은 아동의 행복 추구권을 과도하게 제한한 조치라는 국가 인권 위원회의 결정이 나왔어요.

　국가 인권 위원회는 경기도 교육감에게 "체육 특기생이 운동을 계속하기 위해 거주 지역 외 학교로 진학해야 할 예외적인 사정이 있는 경우 해당 교육장 관할 지역 외 중학교로 진학할 방안을 마련하라."라고 권고했어요.

　국가 인권 위원회는 "교육의 목적은 아동의 개성과 재능을 계발하고 자아를 실현할 수 있도록 하는 것"이라며 "교육장 관할 지역 내로만 진학을 한정하는 것은 아동·청소년의 행복 추구권과 개성·인격을 발현할 기회를 과도하게 제한한다."라고 지적했어요.

　자신이 하고 싶은 운동을 계속하기 위해서 불법 위장 전입이라도 해야 하는 상황은, 현실과 동떨어진 원칙 때문에 아이들을 잠재적 범죄자로 만들고 행복 추구권을 심각하게 침해했다고 인정된 사례라고 할 수 있어요.

## 교도소 수감자의 행복 추구권

절도죄로 교도소에서 생활하게 된 아무개 씨는 밤마다 잠을 이룰 수 없었어요. 낯선 곳에 여러 명의 재소자와 뒤섞여 있는 것은 둘째 치고, 취침 시간 이후에도 밝게 비치는 불빛 때문이었지요. 교도소는 죄수들의 싸움, 자살, 탈출 등을 잘 감시하려면 한밤중에도 불을 밝혀 둘 수밖에 없다고 주장했어요. 하지만 최고 200럭스에 이르는 밝은 조명은 아무개 씨에게 한밤에 뜬 태양이나 다름없었어요. 국가 인권 위원회는 교도소가 아무개 씨의 수면권을 침해했다고 판정했어요. 그리고 법무부 장관에게 당장 야간 수면권 보장을 위한 예산 확보 등 필요한 조치를 하고, 교도소에 대한 관리 감독을 철저히 하라고 권고했어요. 수면권은 바로 모든 인간에게 보장되어야 할 행복 추구권의 한 부분이고, 그렇기 때문에 교도소의 죄수라 해도 행복 추구권을 보장받는 게 당연하기 때문이에요.

이 외에도 개성을 자유롭게 발현할 수 있는 권리, 자신의 일을 자신의 의사로 결정하고 행할 수 있는 권리, 하고 싶지 않은 일을 하지 않을 권리, 휴식하고 문화를 향유할 수 있는 권리 등 다양한 권리가 있답니다. 헌법이 외치는 행복의 주문, 참 매력적이죠?

함께 생각해 볼까요!

## 불편한 자전거 헬멧은 나의 행복을 침해하는 게 아닌가요?

서우는 자전거를 타고 한강을 따라 달리는 걸 좋아합니다. 시원한 강바람을 맞으며 씽씽 달리다 보면 스트레스도 풀리고 자유로운 기분을 느낄 수 있지요. 하지만 자전거를 끌고 집을 나설 때마다 엄마와 실랑이를 벌이곤 합니다. 엄마는 헬멧을 쓰지 않으면 자전거를 탈 수 없다고 하고, 서우는 헬멧 대신 자신이 좋아하는 모자를 쓰겠다고 고집을 부립니다.
서우는 자전거를 탈 때마다 헬멧을 쓰는 게 거추장스럽기만 합니다. 헬멧

### 불편함으로 인해 침해받는 행복 추구권

**그렇다**

"누구나 자신이 원하는 대로 할 자유가 있어요. 불편한 헬멧을 쓰고 싶지 않다면 쓰지 않을 자유도 있는 거죠. 더구나 헬멧을 쓰지 않는 것이 다른 사람에게 피해를 주는 것도 아니잖아요. 시원한 강바람을 느끼며 자전거를 타는 그 시간이 나는 가장 즐거운걸요. 나는 내 행복을 추구할 권리가 있다고요!"

을 쓰고 자전거를 타면 시원한 바람도 즐길 수 없고, 땀이 나서 머리 모양이 엉망이 되는 것도 영 마음에 들지 않기 때문이죠.
더욱이 비교적 짧은 거리를 가거나 자전거 도로를 다닐 때도 헬멧을 써야 하는 건 맞지 않다는 생각이 들었어요. 또 가끔은 헬멧 대신 새로 산 멋진 모자를 자랑삼아 쓰고 싶은데 말이죠. 자전거 승차 시 안전모 착용을 의무화한 도로 교통법은 과연 서우의 행복 추구권을 침해한 것일까요?

## S. 안전을 위한 헬멧 착용

"헬멧을 쓰지 않으면 자전거 사고가 났을 때 더 크게 다칠 수 있어요. 그로 인해 개인도 고통받을 뿐만 아니라 보험료 등 사회적 비용도 늘어나요. 또 사고를 낸 사람은 더 큰 책임을 질 수 있어요. 이러한 비용을 고려한다면 개인의 행복 추구권을 침해하는 건 아니라고 생각해요."

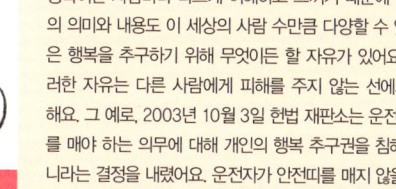

행복이란 사람마다 다르게 이해하고 느끼기 때문에 행복 추구권의 의미와 내용도 이 세상의 사람 수만큼 다양할 수 있어요. 사람은 행복을 추구하기 위해 무엇이든 할 자유가 있어요. 그러나 그러한 자유는 다른 사람에게 피해를 주지 않는 선에서 머물러야 해요. 그 예로, 2003년 10월 3일 헌법 재판소는 운전자가 안전띠를 매야 하는 의무에 대해 개인의 행복 추구권을 침해하는 게 아니라는 결정을 내렸어요. 운전자가 안전띠를 매지 않을 자유는 행복 추구권의 하나임에 틀림없지만, 그 권리가 '정당한 공공의 이익을 위해 제한될 수 있다고 본 것이지요.

# 2. 우리는 모두 똑같은 인간이에요, 평등할 권리가 있어요!

**제11조 ❶** 모든 국민은 법 앞에 평등하다. 누구든지 성별·종교 또는 사회적 신분에 의하여 정치적·경제적·사회적·문화적 생활의 모든 영역에 있어서 차별을 받지 아니한다.

## 평등권은 무엇일까요?

앞서 제10조에서 우리는 사람으로서 행복을 추구할 권리를 얘기했습니다. 여러분이 태어난 목적은 공부를 잘하기 위해서도, 운동을 잘하기 위해서도 아닌 행복하기 위해서라고 했죠.

그렇다면 사람으로 태어난 이상 피부색이 다르다고, 성별이 다르다고, 그 무엇이 다르다고 이러한 권리가 다른 것은 아니겠죠?

헌법 제11조에서는 이러한 모든 사람이 평등할 권리를 얘기하고 있어요. 성별, 종교, 사회적 신분에 따라서 정치적·경제적·사회적·

우리 모두는 평등해요.

문화적 생활에서 차별을 받지 않는다고 얘기합니다. 이 부분은 쉬운 말로 다시 고치지 않아도 잘 와닿죠?

앞서 얘기했듯이 권리라는 것도 사회적·역사적 맥락이 있어요. 불과 100년 전만 해도 평등한 사람은 양반과 백인 남성들만이었고, 노비와 흑인은 평등한 '사람'이 아니었어요. 지금 우리가 합리적인 차별이라고 생각하는 것들도 시간이 지나면 그렇지 않을 수도 있답니다.

특히 요즘은 경제적 불평등이 심각하게 얘기되고 있어요. '금수저,

'흙수저' 얘기 들어 보셨죠? 수레와 자동차가 동일한 출발선에서 출발한다고 해서 평등하다고 할 수 있을까요? 어느 집안에 태어났느냐에 따라 자기의 역량이나 노력과 상관없이 이후 인생의 많은 부분이 결정된다고 한다면, 이전 신분 사회에서 부모로부터 신분을 물려받던 것과 크게 다르지 않다고 생각할 수도 있을 거예요.

이런 관점에서 다음 그림을 볼까요? 왼쪽 그림처럼 똑같이 대하는 게 꼭 평등을 뜻하지 않을 수 있습니다. 헌법의 평등권이 모든 차별적 대우를 부정하는 절대적 평등을 의미하는 것은 아니에요. 그래서 모두가 함께 행복할 수 있는 방법은 없을까 생각해 볼 수 있겠죠.

다음 사항은 또 어떨까요? "놀이공원에 갔는데 키가 작다고 청룡 열차를 못 타게 했어요." "친구와 함께 영화관에 갔는데 '15세 관람가'라고 못 보게 했어요." 분명 다르게 대한 셈이네요.

**청룡 열차**
- 키 100㎝ 이상이어야 이용할 수 있습니다.
- 키 100㎝ 미만의 어린이는 보호자와 함께 이용하셔야 합니다.

**15세 관람가**
- 만 15세 이상의 사람이 관람할 수 있는 영상물입니다.

그렇지만 이렇게 다르게 대하는 것이 헌법 조문에 나오듯이 "성별·종교 또는 사회적 신분"에 의한 것일까요? 무조건 다르게 대한다고 해서 평등권을 침해하는 것은 아니랍니다.

정말로 같은 것인데도 다르게 대했는지, 그리고 이렇게 다르게 대하는 것이 특별한 이유가 있는 것이 아니라 그냥 마음대로 한 것은 아닌지에 대한 판단이 중요해요. 또한 그러한 차별로 인해 다른 권리가 심각하게 침해받았는지도 고려해야 하고요. 청룡 열차, 15세 관람가 영화에 대해 여러분이 얘기한 부분들은 여러분의 신체적·정신적 건강을 위한 합리적인 차별이라고 할 수도 있겠죠.

## 역사적으로 살펴볼까요?

"불과 50년 전에는 버스에 백인석과 흑인석이 따로 있었어요"

　1955년 미국 앨라배마주 몽고메리시의 한 버스에서 일어났던 일입니다. 흑인 여성 로자 파크스는 마침 비어 있는 자리에 앉았어요. 그러자 운전기사가 다가와서 말했어요. "백인을 위해 자리를 양보하고 일어나시오."

　당시에는 버스 앞줄은 백인 전용으로 정해져 있었으며 흑인들은 그 뒤 흑인 전용 좌석에 앉을 수 있었어요. 그런데 백인 전용 좌석이 다 찰 경우에는 흑인 좌석도 백인에게 내어 줘야 했어요. 그날 로자가 앉은 자리는 흑인 좌석이었지만 버스에 타는 백인이 많아지자 운전기사가 자리를 양보하라고 한 것이었어요. "아니, 내가 왜요? 이 자리는 백인 좌석도 아니잖아요." 로자는 운전기사와 승강이를 벌였고 결국 흑백 분리법을 어긴 죄로 체포되었어요.

　상상이 되나요? 노약자석도 아니고 단지 인종이 다르다는 이유로 무조건 자리를 양보해야 했다는 사실이 말이에요. 로자 파크스가 체포되고 나서, 이 지역의 목사였던 마틴 루서 킹의 주도 아래 '몽고메리시 버스 안 타기 운동'이 벌어졌답니다. 몽고메리시 지역의 흑인들은 버스를 타지 않고 걸어서 출퇴근했어요. 그러자 버스는 텅텅

빈 채 다니기 일쑤였어요. 흑인 5만 명이 참가한 이 운동은 무려 381일 동안이나 계속되었지요. 버스를 타지 않았다는 이유로 폭력을 당하고, 직장에서 해고를 당하고, 구속되기도 했어요. 이런 실천 덕분에 마침내 1956년 12월 21일, 흑인들은 버스에서 원하는 자리에 마음껏 앉을 수 있게 되었답니다.

## 어떠한 권리들이 있을까요?

헌법에서는 성별, 종교, 사회적 신분에 따른 차별을 금지하고 있어요. 하지만 이 세 가지는 예시이므로 다른 이유로도 차별을 해서는 안 돼요.

### 성별에 의한 차별 금지

여러분은 남녀가 어떻게 똑같나요, 라고 할 수 있어요. 앞서 얘기했듯이 평등이라는 게 다른 것을 마냥 똑같이 취급하라는 것은 아니에요. 남녀 간의 신체적 차이에 따른 차별이 인정될 때도 많아요. 하지만 남녀의 성에 대한 고정관념으로 인한 차별은 허용되지 않아요. 우리 법에서는 사업주가 여성 노동자를 뽑을 때 업무에 필요하지 않은 용모, 키, 체중 등의 신체 조건, 미혼 조건 등을 제시하거나 요구해서는 안 된다고 정하고 있어요. 예를 들어 반장을 뽑는데 키가 150센티미터 이상인 경우만 가능하다는 것과 같죠. 키는 반장 역할을 하는 것과 아무런 관련이 없으니까요.

### 적극적 평등 실현을 위한 장애인 고용 할당제

장애인 관련 법에서는 국가뿐만 아니라 50명 이상을 고용하는 기업의 경우에 일정 수 이상의 장애인을 의무적으로 고용하도록 하고 있어요. 여기에 대해서 오히려 비장애인을 차별하는 게 아니냐고 얘기할 수 있어요. 장애인을 의무적으로 채용하다 보니 비장애인 중 그 기업에 더 적합한 사람이 채용되지 못했다고 볼 수 있어요. 이러한 주장에 대해 헌법 재판소는 뭐라고 했을까요?

헌법 재판소는 장애인이 과거로부터 이어져 온 차별로 인해 다방면에 걸쳐 받은 불이익을 지적해요. 그리고 사회·경제적 약자인 장애인에 대하여 인간으로서의 존엄과 가치를 인정하고 나아가 인간다운 생활을 보장하기 위해서는 장애인이 일할 수 있는 권리가 보장되어야 한다고 얘기하고 있어요. 따라서 사회적·국가적 차원에서의 적극적인 조치가 요구되기에 평등한 조치라고 해요. 앞서 야구장 펜

스 그림을 떠올려 보면 이해가 되죠? 평등이 단순히 똑같이 대우하는 것만은 아니라는 것을 말이에요.

> "우리는 모두 평등할 권리가 있어요.
> 하지만 헌법의 평등권이
> 모든 차별적 대우를 부정하는
> 절대적 평등을 의미하는 것은
> 아니에요. 장애인, 여성 등
> 사회적 약자를 위해
> 사회적·국가적 차원에서
> 적극적인 조치를 취하기도 해요."

 함께 생각해 볼까요!

## 유아 및 아동의 출입을 제한하는 노키즈존은 나이에 따른

철수는 엄마와 함께 카페에 가기로 했어요. 4살이 된 동생 영희도 같이 가서 맛있는 케이크를 먹을 생각에 기뻤지요. 그런데 웬걸, 카페 입구에는 '노키즈존'이란 팻말이 붙어 있었어요. 5세 미만의 유아는 출입이 금지된다는 거예요.

이유를 물어보니 카페에 조용히 공부를 하러 온 손님들도 있는데 아이들

### 나이에 따른 부당한 차별 V

"아이들이라고 해서 모두 시끄럽다고 할 수 없습니다. 무조건 출입을 금지하는 것은 차별이에요! 소란 피우는 아이들은 잘 타일러서 고쳐 나가면 돼요."

그렇다

## 차별 아닌가요?

이 뛰어다니거나 소리를 지르면 싫어한다는 거예요. 함께 온 부모들이 소란 피우는 아이들을 내버려 두기 때문에 어쩔 수 없었다고 해요. 동생 영희는 얌전한 편이고 혹 다른 손님에게 불편을 주는 일이 생기면 자기가 주의를 주겠다고 했지만 끝내 거절당했어요.

나이에 따른 부당한 차별이 아닌가요?

  합리적인 출입 제한

"아직 학교에 다니지 않거나 저학년 아이들의 경우 마구 뛰어다니고 시끄러운 경우가 많아요. 이로 인해 다른 손님들에게 피해를 주게 되어 카페 이용률이 떨어질 수 있으므로 카페 주인으로서는 출입을 제한할 수 있다고 봐요."

# 3. 스스로 결정하고 무엇이든 할 수 있어요, 자유로울 권리가 있어요!

## 자유권은 무엇일까요?

　헌법에서 여러분이 누릴 가장 기본적인 권리 중에서도 많은 부분을 차지하는 것이 바로 자유권이에요. 총 27개 조문 가운데 제12조~제23조, 절반 가까운 12개 조문이 자유를 얘기하고 있어요.

　그럼 왜 이렇게 자유를 많이 얘기할까요? 그건 우리는 혼자 살 수 없기에 함께 모여 살고, 마을을 이루고, 사회가 되고, 국가를 이루었지만, 이러한 사회와 국가가 개인의 자유를 제한하는 경우가 많기 때문이에요. 물론 함께 살기 위해 꼭 필요한 제한이 있을 수 있어요. 하지만 꼭 필요하지 않은데도 여러모로 제한을 받는다면 어떨까요? 그래서 헌법은 이토록 많은 자유를 얘기하고 있답니다. 우리 스스로의 자유를 잊지 말자는 의미도 있고, 국가가 무언가를 제한하려고 할 때 이 자유권을 먼저 생각하라는 의미도 있어요.

1장에서 살펴본 1987년 벌어진 박종철 고문 사건 기억나죠? "고문 없는 나라에서 살고 싶다"란 국민들의 절박한 외침을요. 국가 권력을 함부로 사용하여 국민의 자유를 부당하게 제한하지 않도록 하는 거예요. 18세기 영국의 법학자인 윌리엄 블랙스톤은 일찍이 "열 명의 범죄자를 놓치더라도 한 명의 무고한 사람이 고통당해서는 안 된다."라고 했어요.

헌법은 우리 편이랍니다. 우리 국민에게 하지 말라는 얘기는 극히 일부이고, 국가 눈치 보지 말고 마음껏 해라, 국가는 우리 국민에게 이런 것을 보장하라는 얘기가 대부분이에요.

우리의 몸과 마음은 자유롭기에 자신의 의사에 따라 결정할 수 있고, 자유롭게 어느 곳에서나 살 수 있고, 아무 곳이나 마음대로 이동할 수 있어요. 원하는 직업을 선택해서 하고 싶은 일을 하며, 각자 자유롭게 자신의 생활을 꾸려 갈 수 있어요. 마치 공기처럼 이러한 자유는 너무나 당연한 것이기에 소중함을 모를 수 있죠.

부모님이나 선생님이 시키는 대로만 해야 된다고 생각했던 친구들에게는 이 많은 자유가 놀라울 거예요. 물론 다른 권리들처럼 이 자유도 무한정 보장되지는 않아요. 다른 사람과 함께 살아가는 사회니까요. 그렇지만 이번 장을 통해 내 일상의 자유롭지 못한 부분들을

찾아보고 그러한 제한이 합리적인지도 함께 고민해 봐요.

## 역사적으로 살펴볼까요?

"범죄자라 하더라도 권리가 있어요"(미란다 원칙)

　1963년 3월, 미국 애리조나주의 피닉스 경찰은 당시 21세였던 멕시코계 미국인 에르네스토 미란다를 체포했습니다. 경찰서로 연행된 미란다는 피해자에게 범인으로 지목되었어요. 그리고 변호사도 선임하지 않은 상태에서 두 명의 경찰관에게 조사를 받았죠. 미란다는 처음에는 무죄를 주장했으나 두 시간가량의 신문 과정 후 범행을 인정하는 자백을 했어요.

　그러나 재판이 시작되자 미란다는 자백을 부정했어요. 법원은 그 주장을 받아들이지 않았고 중형을 선고했습니다. 미란다는 최후의 수단으로 미국 수정 헌법상의 불리한 증언을 하지 않아도 될 권리와 보장된 변호사의 도움을 받을 권리를 침해당했다고 주장했어요.

　미국 연방 대법원은 미란다의 주장을 받아들여 1966년 5 대 4의 표결로 미란다에게 무죄를 선고했습니다. 그리고 그 이후부터 미란다 경고문을 만들어, 수사관들이 피의자를 체포하거나 신문할 때는 이 경고문을 미리 읽어 주도록 했어요. 우리가 영화나 드라마에서 듣는 수사관들의 경고문은 그렇게 해서 나온 것이에요.

## 어떠한 권리들이 있을까요?

자유권은 종류가 다양해요. 그래서 다시 크게는 네 가지로 구분할 수 있어요. 신체의 자유, 사생활에서의 자유, 정신생활에서의 자유, 경제생활에서의 자유예요. 그렇다고 여기에 나와 있지 않은 자유가 보장되지 않는 건 아니에요. 다음처럼 헌법에 나와 있지 않았다고 해서 국민들의 자유가 보장되지 않는 것은 아니에요. 또한 국가안전 보장, 질서 유지, 공공복리를 위해 국민의 자유를 부득이 제한할 때도 본질적인 내용은 침해할 수 없도록 하고 있어요.

**제37조** ❶ 국민의 자유와 권리는 헌법에 열거되지 아니한 이유로 경시되지 아니한다.
❷ 국민의 모든 자유와 권리는 국가안전보장·질서유지 또는 공공복리를 위하여 필요한 경우에 한하여 법률로써 제한할 수 있으며, 제한하는 경우에도 자유와 권리의 본질적인 내용을 침해할 수 없다.

### 신체의 자유

맨 먼저 신체의 자유가 있어요. 미란다 원칙을 통해 살펴본 것처럼 설사 범죄를 저질렀다고 하더라도 경찰이 마음대로 잡지 못하고 정해진 규칙에 따라야 해요. 고문을 할 수 없는 것은 말할 것도 없고요. 관련해서 헌법 조문을 읽어 볼까요?

**제12조** ❶ 모든 국민은 신체의 자유를 가진다. 누구든지 법률에 의하지 아니하고는 체포·구속·압수·수색 또는 심문을 받지 아니하며, 법률과 적법한 절차에 의하지 아니하고는 처벌·보안처분 또는 강제노역을 받지 아니한다.
❷ 모든 국민은 고문을 받지 아니하며, 형사상 자기에게 불리한 진술을 강요당하지 아니한다.
**제13조** ❶ 모든 국민은 행위시의 법률에 의하여 범죄를 구성하지 아니하는 행위로 소추되지 아니하며, 동일한 범죄에 대하여 거듭 처벌받지 아니한다.

지금은 당연하게 여겨지는 조문들이지만 이 내용이 만들어지고 실제로 적용되기까지 많은 사람의 노력이 있었어요. 덕분에 억울한 일을 당하지 않게 된 거죠. 조선 시대 이야기에서 나오는 것처럼 "네 죄를 너가 알렷다. 아니, 그래도 뉘우치는 기색이 없다니. 이자를 매우 쳐라."와 같은 방식의 수사는 할 수 없는 것이죠.

범죄자에 대한 미란다 원칙을 배웠는데 하나 더 배워 볼까요. 경찰관이 범죄자로 의심되는 사람에게 질문을 하더라도 경찰관 신분이 명시된 증표를 제시하며 소속과 이름을 밝히도록 하고 있어요. 영화에서 괜히 경찰관이 신분증을 제시하는 게 아니랍니다.

## 사생활에서의 자유

헌법에서는 다음과 같이 사생활에서의 다양한 자유를 보장하고 있어요.

**제14조** 모든 국민은 거주·이전의 자유를 가진다.
**제17조** 모든 국민은 사생활의 비밀과 자유를 침해받지 아니한다.
**제18조** 모든 국민은 통신의 비밀을 침해받지 아니한다.

얼핏 보면 너무 당연한 것 같죠? 하지만 그렇지 않아요. 예를 들어 14조 거주·이전의 자유만 하더라도 1980년대에는 나라의 허락을 받지 못하면 해외 여행이 불가능했던 적이 있었어요. 지금도 북한은 물론이고 가까운 나라인 중국만 하더라도 거주 이전의 자유가 완전히 보장되지 않아요. 중국 베이징에 살고 싶으면 일정한 자격을 갖춰야 해요. 여러분에게 좀 더 와닿는 사례를 들어 볼까요?

### "일기장 검사는 사생활과 양심의 자유를 침해해요"

2005년 4월 7일 국가 인권 위원회에서는 초등학교 일기장 검사의 인권 침해 소지를 지적하고 당시 교육 인적 자원부를 상대로 이를 개선하라는 의견을 냈어요. 일기장 검사가 사생활과 양심의 자유를 침해할 소지가 크다는 이유였어요.

사실 이런 결정은 한국도 가입한 유엔 아동 인권 협약과 헌법에 근거한 것이기도 해요. 아동 인권 협약은 어린이·청소년의 사상·양심의 자유, 사생활을 간섭받지 않을 권리 등을 규정하고 있기 때문이죠.

당시 국가 인권 위원회는 "일기장을 검사하면, 사생활이 공개될 것을 걱정해 자유로운 사적 활동을 보장받지 못할 수 있다."며 "아이의 양심 형성에 교사가 관여할 우려도 있고, 솔직하게 일기를 쓰지 못할 수도 있다."고 지적했어요.

### 정신생활에서의 자유

앞서 일기장 검사의 경우 양심의 자유를 침해하기도 한다고 했는데요, 헌법에서의 양심은 세계관, 인생관, 신조 등은 물론 개인의 인격 형성에 관계되는 내면의 가치적, 윤리적 판단을 모두 포함해요. 이러한 양심의 자유는 정신생활 영역에 해당해요. 헌법은 양심의 자유 외에도 다음처럼 종교의 자유, 언론·출판의 자유, 집회·결사의 자유, 학문과 예술의 자유 등을 보장하고 있어요.

**제19조** 모든 국민은 양심의 자유를 가진다.
**제20조** ❶ 모든 국민은 종교의 자유를 가진다.

**제21조 ❶** 모든 국민은 언론·출판의 자유와 집회·결사의 자유를 가진다.
**제22조 ❶** 모든 국민은 학문과 예술의 자유를 가진다.

여러분의 경우 친구들끼리 반에서 신문을 만들기도 하고, 수업이 끝난 이후에 모임을 가지는 경우도 있죠? 신문을 만드는 활동이 언론·출판의 자유, 모임을 갖는 게 집회·결사의 자유에 해당해요. 선생님의 눈치를 보지 않고 자유롭게 여러분의 의견을 내고 모일 수 있는 거죠. 이처럼 당연해 보이는 자유이지만 독재 정권 때는 기자들이 신문 기사도 정부의 지침대로만 쓸 수 있었고 대학에서 삼삼오오 모이는 것마저도 제한받았어요. 영화, 음악에 대해서도 사전 심의를 해서 표현을 제한했던 적이 있어요. 1996년이 되어서야 이러한 사전 심의 제도가 폐지되었어요.

### 경제생활에서의 자유

마지막으로 경제생활에서의 자유예요. 먼저 조문을 한번 볼까요?

**제15조** 모든 국민은 직업선택의 자유를 가진다.
**제23조 ❶** 모든 국민의 재산권은 보장된다. 그 내용과 한계는 법률로 정한다.
　　　　❷ 재산권의 행사는 공공복리에 적합하도록 하여야 한다.

자유롭게 직업을 선택할 수 있고 재산권이 보장되는 건 이해가 되는데, 재산권에도 한계가 있고 재산권 행사를 공공복리에 적합하도록 해야 한다는 문구가 뜻밖이죠? 우리나라는 공산주의 국가도 아니고 시장에서 자유롭게 사고팔고 마음대로 할 수 있는 거 아닌가요, 라는 생각을 할 수 있어요. 그렇지만 우리 헌법이 지향하는 사회는 자유롭되 모두 함께 잘사는 사회랍니다. 헌법 제9장 경제 조항의 다음 조문을 보면 이 부분을 더 잘 알 수 있어요.

**제119조** ❶ 대한민국의 경제질서는 개인과 기업의 경제상의 자유와 창의를 존중함을 기본으로 한다.
❷ 국가는 균형있는 국민경제의 성장 및 안정과 적정한 소득의 분배를 유지하고, 시장의 지배와 경제력의 남용을 방지하며, 경제주체간의 조화를 통한 경제의 민주화를 위하여 경제에 관한 규제와 조정을 할 수 있다.

제1항에서 개인과 기업의 경제상의 자유와 창의를 존중한다는 원칙을 선언하면서 제2항에서 적정한 소득의 분배, 시장의 지배와 경제력의 남용 방지, 경제 주체 간의 조화 등을 위해 경제에 관해 규제와 조정을 할 수 있다고 되어 있어요. 이러한 자유와 함께 공공성을 강조하는 태도는 전문에도 나타나 있어요. 여러분이 1장의 전문 문구에서 한번 찾아보세요.

> "우리의 몸과 마음은 자유롭기에 자신의 의사에 따라 결정할 수 있고, 자유롭게 어느 곳에서나 살 수 있고, 아무 곳이나 마음대로 이동할 수 있어요. 원하는 직업을 선택해서 하고 싶은 일을 하며, 각자 자유롭게 자신의 생활을 꾸려 갈 수 있어요. 마치 공기처럼 이러한 자유는 너무나 당연한 것이기에 소중함을 모를 수 있죠."

함께 생각해 볼까요!

## 학교에서의 휴대폰 사용 금지는 통신의 자유를 침해하는

수미는 휴대폰으로 궁금한 정보도 찾고 유튜브에 게임 영상을 올려 구독자도 많아요. 학교에도 가져와 쉬는 시간에 사용하고요. 그런데 학교에서 휴대폰 사용을 일절 금지하기 시작했어요. 휴대폰을 가지고 온 경우 아침에 휴대폰 보관 가방에 휴대폰을 제출하고 집에 갈 때 돌려준다는 거예요.

"초등학생도 휴대폰으로 정보를 찾고 친구를 사귀는데 무조건 금지하는 것은 자유를 침해하는 일이에요."

그렇다

## 게 아닌가요?

수업에 방해가 되기도 하고, 학생들이 스마트폰에 중독될 수 있다는 이유예요. 수업 시간은 물론 쉬는 시간까지 휴대폰을 사용하지 못하도록 하는 것은 학생들의 통신의 자유를 침해하는 게 아닐까요?

## S. 아니다

"스마트폰 중독이 있고, 수업 시간에 방해되는 경우도 많아요. 학교에서만큼은 휴대폰을 사용하지 않도록 하는 게 타당해요."

국가 인권 위원회에서는 2017년 11월 중학생이 학교 측의 휴대폰 수거가 부당하다며 제기한 부분에 대해 학교장에게 학교 생활 인권 규정 개정을 권고했어요. 국가 인권 위원회는 학생들의 휴대폰을 수거하는 규정이 헌법상 '통신의 자유'를 침해한다고 판단했어요. 학교가 수업 시간에만 휴대폰을 제한하는 등 제한 정도를 최소화하는 방안을 찾아야 한다고 했어요. 반면 프랑스는 2018년 7월 모든 유치원과 초등학교, 중학교에서 휴대폰 사용을 금지하는 법안을 통과시켰어요. 수업 중은 물론 쉬는 시간에도 휴대폰을 사용할 수 없으며 긴급 상황이거나 장애가 있는 학생만 예외적으로 휴대폰을 사용할 수 있어요.

## 4. 정치에 참여하고 국가에 요구해요, 사회의 주인으로서 바꿔 나갈 권리가 있어요!

**참정권과 청구권은 무엇일까요?**

참정권은 정치에 참여할 수 있는 권리예요. 우리나라는 대통령을 비롯해서 국회의원과 시장, 구청장 또는 군수 등을 국민의 투표로 뽑아요. 국민의 대표를 뽑기 위해 헌법에서도 선거권을 보장하고 있기 때문이에요.

하지만 이 역시 제대로 보장된 건 얼마 되지 않았어요. 앞서 살펴봤듯이 독재 시절 권력자들이 더 길게, 영원히 권력을 잡기 위해서 간접 선거를 했었거든요. 지금은 당연해 보이는 기본권이 사실은 우리 할아버지와 할머니들이 열심히 싸워서 쟁취한 권리인 거죠.

여러분에겐 정치가 어렵고 자신과 멀게 느껴지는 경우도 있을 거예요. 어른들도 정치에 무관심한 경우가 많아요. 그런데 일찍이 고

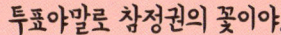

> 우리 법률에서는 만 19세 이상만 투표권을 주고 있어요. 최근에는 선거권 연령을 낮춰서 더 많은 국민이 투표할 수 있는 권리를 주어야 한다는 의견이 많아지고 있어요.

대 그리스의 철학자 플라톤은 "정치를 외면한 가장 큰 대가는 가장 저질스러운 인간들에게 지배당한다는 것이다."라고 말했어요. 외면하지 말고 적극적으로 정치에 관심을 갖고 참여해야겠죠?

그럼 청구권은 무엇일까요? 앞서 우리가 살펴본 행복 추구권, 평등권, 참정권과 같은 권리가 침해되거나 침해될 우려가 있을 때 국민이 국가에 대해 적극적으로 일정한 행위를 할 것을 요구할 수 있는 권리예요. 국가 기관은 국민의 권리를 보호하기 위해서 만들었는데 권리는 보호하지 않고 침해하거나 보호할 역할을 제대로 하지 않을 때 우리가 적극적으로 요구할 수 있는 권리이죠.

## 역사적으로 살펴볼까요?

"여성들도 투표할 권리가 있어요!"

오늘날에는 남녀 모두 1인 1표로 선거를 하죠. 하지만 처음부터 그랬던 것은 아니에요. 처음으로 여성의 투표권을 보장한 나라는 1893년 뉴질랜드였어요. 다음은 오스트레일리아로 1902년에 여성의 참정권을 도입했어요.

영국과 미국, 프랑스 등은 우리가 생각하는 것보다 늦게 여성의 참정권이 보장되었어요. 영국은 1918년 30세 이상의 여성에게 제한적으로 참정권을 주었다가 10년 뒤 21세까지 확대했답니다. 1870년 흑인 노예에게 참정권을 준 미국이 여성의 참정권을 인정한 것은 1920년이었죠. 프랑스는 1944년에야 여성에게 참정권을 주었어요.

최근에 여성 참정권이 허용된 나라는 2015년에 인정된 사우디아라비아예요. 유권자 등록 시 남성 가족의 동의를 얻어야 하는 등 제한적인 참정권이지만, 여성 투표율이 82퍼센트로 남성보다 두 배나 높았다고 해요.

## 어떠한 권리들이 있을까요?

정치에 참여해요 – 선거권, 공무 담임권, 국민 투표권

　참정권은 대통령, 국회의원 등을 뽑는 선거권, 국가의 일을 직접 하는 공무원이 될 수 있는 공무 담임권, 국가의 중요한 의사 결정에 국민이 직접 참여하는 국민 투표권 등이 있어요. 특히 헌법을 바꿀 때는 반드시 국민 투표를 하도록 되어 있어요. 관련한 조문을 볼까요?

**제24조**　모든 국민은 법률이 정하는 바에 의하여 선거권을 가진다.
**제25조**　모든 국민은 법률이 정하는 바에 의하여 공무담임권을 가진다.
**제72조**　대통령은 필요하다고 인정할 때에는 외교·국방·통일 기타 국가안위에 관한 중요정책을 국민투표에 붙일 수 있다.
**제130조** ❷ 헌법개정안은 국회가 의결한 후 30일 이내에 국민투표에 붙여 국회의원선거권자 과반수의 투표와 투표자 과반수의 찬성을 얻어야 한다.

　이 외에도 정치에 참여할 수 있는 권리로 앞서 살펴본 언론·출판의 자유와 집회·결사의 자유도 있어요. 국민이 정치적인 의견을 자유롭게 표현할 수 있어야 하니까요. 정치에 대한 생각이 비슷한 사람들이 이를 실현하기 위해 만든 단체를 정당이라고 해요. 뉴스에서 ○○당, △△당이라고 들어 봤을 거예요. 정당은 국민의 다양한 정

치적 의사를 대표하고 선거를 통해 선택이 되어요. 따라서 민주주의를 위해 다음처럼 헌법에서 정당의 자유로운 설립과 활동을 보장하고 정당 운영에 필요한 자금을 보조하고 있어요.

**제8조** ❶ 정당의 설립은 자유이며, 복수정당제는 보장된다.
❷ 정당은 그 목적·조직과 활동이 민주적이어야 하며, 국민의 정치적 의사 형성에 참여하는데 필요한 조직을 가져야 한다.
❸ 정당은 법률이 정하는 바에 의하여 국가의 보호를 받으며, 국가는 법률이 정하는 바에 의하여 정당운영에 필요한 자금을 보조할 수 있다.

초등학생도 청원권으로 박물관을 바꿀 수 있어요

청구권으로는 국가에 대해 의견이나 희망을 얘기할 수 있는 청원권, 권리가 침해되거나 분쟁이 발생한 경우 중립적인 법원으로부터 공정한 재판을 받을 수 있는 재판 청구권, 국가가 국민에게 손해를 끼친 일에 대해 청구할 수 있는 국가 배상 청구권 등이 있어요.

**제26조** ❶ 모든 국민은 법률이 정하는 바에 의하여 국가기관에 문서로 청원할 권리를 가진다.
**제27조** ❶ 모든 국민은 헌법과 법률이 정한 법관에 의하여 법률에 의한 재판을 받을 권리를 가진다.

이렇게만 보면 역시나 나와 먼 권리처럼 느껴지지만 그렇지 않아요.

청원권을 통해서 2012년 서울 수송 초등학교 6학년 학생들이 국립 중앙 박물관을 바꿨어요. 사실 국립 중앙 박물관은 우리나라를 대표하는 아주 멋진 곳이에요. 하지만 문제가 있었어요. 비가 오거나 미세 먼지가 심한 날에는 도시락을 먹을 장소가 마땅치 않다는 점이에요. 박물관에는 실내에 식당이 있지만 막상 도시락은 외부 음식물이라면서 들여오지 못하게 했거든요. 이로 인해 체험 학습을 온 어린이 친구들을 비롯해서 많은 사람이 날씨가 궂으면 박물관 구석에서 도시락을 먹는 등 큰 불편을 겪었어요.

대개는 이런 경우 불편을 그저 운이 없다면서 지나쳐 버리지요. 하지만 수송 초등학교 학생들은 박물관에 정식으로 문제를 제기했어요. 박물관 홈페이지에 있는 전자 민원을 활용한 것이에요. 학생들의 문제 제기는 우리 헌법에 나와 있는 청원권을 행사한 것으로 볼 수 있어요. 국가 기관에 불편한 점들을 바꿔 가길 바란다는 의견을 직접 제시한 것이지요. 이에 박물관에서도 학생들의 의견을 반영해서 박물관 내에서 비바람이나 미세 먼지 등의 피해 없이 도시락을 먹을 장소를 마련하였어요. 이처럼 청원권은 새로운 변화를 일궈 낼 수 있는 소중한 권리예요. 초등학생들도 생활 속에서 불편한 사례를 찾아 청원권을 행사했다는 점은 참 멋진 일이에요. 혹 공공 기관 등에 제안할 부분이 있는지 한번 살펴보세요.

> "헌법에서는 선거권 외에도 국가 기관 등에 의견을 제시할 수 있는 청원권을 보장하고 있어요. 청원권은 새로운 변화를 일궈 낼 수 있는 소중한 권리예요."

함께 생각해 볼까요!

## 만 19세 이상만 투표권을 인정하는 것은 참정권을 침해하나요?

승우는 교육감으로 누구를 뽑을지 며칠째 고민하고 또 고민했어요. 토론회도 챙겨 보고 각 후보별 정책도 꼼꼼히 살펴봤어요. 드디어 마음의 결정을 하고 투표를 하러 갔는데 웬걸, 선거인 명부에 이름이 없는 거예요. 만 19세가 안 되어서 투표권이 없다는 거예요.
2019년 12월 선거법이 개정되기 전에는 만 19세 이상만 투표를 할 수 있

만 18세 이상 투표권 V

그렇다

"한국에서 만 18세의 경우 결혼, 취업, 군 입대, 운전면허 취득, 신용 카드 발급 및 제한 상영가를 제외한 모든 상영 등급의 영화 관람이 가능하도록 되어 있어. 그럼에도 투표는 할 수 없는 것은 문제가 있어."

었어요. 만 18세만 되어도 결혼, 취업, 군 입대, 운전면허 취득, 신용 카드 발급, 제한 상영 가를 제외한 모든 상영 등급의 영화 관람이 가능한데 투표만 안 된다는 게 이상했어요. 만 18세는 고3인 경우가 대부분이어서 고등학생이 올바른 정치적 판단을 하기 어렵고 학교가 선거에 이용당할 수 있다는 이유였어요. 이러한 투표권 연령 제한이 참정권을 침해할까요?

# S. 만 19세 이상 투표권

**아니다**

"10대에게는 아무래도 투표권을 주지 않는 게 좋아. 아직 제대로 된 정치적 판단을 하기 어렵기 때문이야. 게다가 학교가 선거에 이용당할 수도 있어."

지금은 만 18세 이상이면 투표를 할 수 있지만 2019년까지는 경제 협력 개발 기구(OECD) 37개국 중 만 18세가 선거권을 갖지 못한 나라는 우리나라가 유일했어요. 정치학자 로버트 달은 민주주의에서 시민은 정책 결정을 통한 결과를 책임져야 한다는 사실을 알게 되면서 더욱 책임감 있게 행동하게 된다고 했어요. 아울러 민주주의 발전의 역사는 유색 인종, 여성 등의 참정권을 계속 확대해 온 역사였어요.

# 5. 행복한 사회에서 살아가야 해요, 좋은 사회를 만들 권리가 있어요!

## 사회권은 무엇일까요?

자유권이 국가 권력으로부터 개인이 자유로울 수 있는 권리라고 한다면, 사회권은 모든 국민의 인간다운 생활을 보장하기 위한 국가의 적극적인 행위를 요구할 수 있는 권리예요. 개인의 자유도 중요하고 전체 사회 구성원들의 행복 증진도 중요하기 때문이죠. 앞서 경제생활에서의 자유에서도 제119조 제1항은 개인과 기업의 경제상의 자유와 창의를 존중한다고 하지만, 동시에 제2항에서 적정한 소득의 분배, 시장의 지배와 경제력의 남용 방지, 경제 주체 간의 조화 등을 위해 경제에 관해 규제와 조정을 할 수 있다고 했죠. 이처럼 우리 헌법에서는 자유와 함께 공공성을 강조하고 있어요. 전문에서도 이런 부분이 나타난다고 했는데 찾았나요? "능력을 최고도로 발휘하게 하며, 자유와 권리에 따르는 책임과 의무를 완수하게 하여, 안으로는 국민생활의 균등한 향상을 기하고"라는 부분이에요.

우리 헌법에서는 국민 생활의 균등한 향상을 위해 인간답게 살아

이처럼 사회를 살아가기 위한 기본적인 권리가 사회권에 속한대.

갈 수 있는 여러 권리를 보장하고 있어요. 유럽에서는 1800년대만 하더라도 국가는 최대한 개인의 자유로운 활동을 간섭하지 않는 게 미덕이었어요. 국가는 밤에 범죄자를 잡는 경찰 역할 등 공공질서를 유지하는 역할을 주로 하면 된다고 보았고요. 국가가 개입하지 않는 가운데 시장을 매개로 자유로운 생산과 소비 활동이 일어나면서 물질적 풍요로움이 높아진 건 사실이에요. 하지만 국가가 나서지 않자 10세 미만의 아동 노동, 임산부의 노동도 개인 간의 자유로운 계약이라는 이름으로 이뤄지게 되었어요. 당시 유럽에서는 어린아이들이 굴뚝 청소로 내몰렸어요. 몸집이 작아 좁은 굴뚝에 드나들기 쉽고 임금이 쌌기 때문이죠. 하루 15시간 일을 하고서 식사 시간은 10분 정도 주어졌어요. 굴뚝에서 잠들어 질식하거나 타 죽는 아이도 많았어요.

이 외에도 환경 보호, 장애인에 대한 보호 등은 시장에서 자연스럽게 해결되지 않았어요. 국가의 역할이 필요했던 거죠. 특히나 제2차 세계 대전 이후 복지 국가가 각 나라의 목표가 되면서 국가의 역할은 커졌어요. 국가의 개입을 최소화해야 하는 자유권 못지않게 국가가 적극적으로 나서야 하는 사회권이 더욱 중요하게 되고 있어요. 국민의 행복한 생활을 위해 국가는 여러 역할을 하고 있어요.

## 역사적으로 살펴볼까요?

"우리도 사람답게 살고 싶어요!"

1970년 청년 전태일은 대통령에게 편지를 썼어요. 이 편지를 보면 당시 일하는 사람들의 일터 환경이 어떠했는지 알 수 있어요. 경제 성장을 일구어 낸 주인공들은 제대로 된 대우는커녕 당장 하루하루 버텨 내는 것이 너무 힘들었어요. 이에 전태일은 일하는 노동자도 사람답게 살고 싶다고 대통령에게 편지를 썼어요.

하지만 전태일의 편지에 대통령을 비롯한 정부 책임자들은 관심을 기울이지 않았어요. 그러자 전태일은 사람들에게 "근로 기준법을 준수하라! 우리는 기계가 아니다."라는 마지막 외침을 전하며 평화 시장에서 온몸을 불살랐어요. 삶의 마지막 순간까지 자신보다 형편이 어려운 이들을 걱정하면서 더 나은 세상을 꿈꾼 전태일을 보면서 많은 사람이 큰 감동을 받았어요. 그래서 사람들은 전태일을 '아름다운 청년'이라고 부르기 시작했어요.

전태일이 숨을 거둔 후 발견된 일기장에서 노동자들이 억울한 일을 당하지 않고 새로운 세상을 꿈꿀 수 있게 대학생 친구가 있으면 좋겠다고 쓰인 내용이 알려지고 나서 수많은 대학생이 전태일과 같은 처지에 있는 사람들을 돕기 위해 기꺼이 함께하게 되었어요.

이런 사연이 있어 동대문 평화 시장 앞에는 전태일 동상이 세워지고, 그곳에 있는 다리 이름을 '전태일 다리'라고 부르게 되었어요. 전태일이 꿈꿨던 것은 무엇일까요? 일하는 우리 가족과 이웃들이 더불어 행복하게 살아가기 위해 필요한 것은 무엇일지 함께 생각해 보아요.

## 어떠한 권리들이 있을까요?

사회권은 전태일이 외쳤던 노동권 외에도 교육을 받을 권리, 인간다운 생활을 할 권리, 환경권 등이 있어요. 하나씩 살펴볼까요?

### 교육을 받을 권리

제31조 ❶ 모든 국민은 능력에 따라 균등하게 교육을 받을 권리를 가진다.
❷ 모든 국민은 그 보호하는 자녀에게 적어도 초등교육과 법률이 정하는 교육을 받게 할 의무를 진다.
❸ 의무교육은 무상으로 한다.

앞서 18세기 유럽에서는 어린아이들이 굴뚝 청소로 내몰렸다고 했죠? 다른 나라의 먼 얘기만은 아니랍니다. 여러분 할아버지 때만 하더라도 초등학교를 마치지 못하고 한글을 배우지 못한 경우가 많앗어요. 헌법에서는 무상으로 하는 의무 교육을 "적어도 초등교육과 법률이 정하는 교육"이라고 하고 있어요. 1948년 제헌 헌법에 초등 무상 의무 교육을 명시했지만 실제로는 재정상의 이유로 1997년에야 달성되었어요. 중학교의 경우 1984년에 교육법을 개정해 의무 교육에 포함되었지만 역시 한참 뒤인 2004년에야 전국의 모든 중학교 학생들이 무상 의무 교육을 받을 수 있게 되었어요. 고등학교는 2019년 2학기부터 단계적으로 시행되는데 2021년 모든 학생이 무상 교육을 받을 수 있게 돼요.

## 노동자의 권리

**제32조** ❶ 모든 국민은 근로의 권리를 가진다. 국가는 사회적·경제적 방법으로 근로자의 고용의 증진과 적정임금의 보장에 노력하여야 하며, 법률이 정하는 바에 의하여 최저임금제를 시행하여야 한다.
**제33조** ❶ 근로자는 근로조건의 향상을 위하여 자주적인 단결권·단체교섭권 및 단체행동권을 가진다.

일하는 것도 권리예요. 일을 한다는 것은 단순히 돈을 벌기 위한 것만이 아니라 다른 사람들과 관계를 맺고 스스로 성장할 수 있는 계기이기도 하거든요. 국가는 국민이 행복하게 일할 수 있도록 해 줘야 해요. 국가의 의무인 것이죠.

또한 전태일 편지를 통해서 알 수 있듯이 사업장에서 약자일 수밖에 없는 노동자들을 보호해 줘야 해요. 헌법에서는 이를 위해 사업자에 대항할 수 있는 무기 세 가지를 주고 있어요. 단결권, 단체 교섭권, 단체 행동권이에요.

말이 좀 어렵죠? 단결권이란 일하는 사람들이 약자이니 '뭉쳐야 산다'라는 마음으로 똘똘 뭉치는 거예요. 단체 교섭권은 이렇게 모인 이들이 기업과 논의를 시작하는 거고요. 혼자라면 겁날 수 있으니까 함께 모여서 이야기를 하는 것이죠. 단체 행동권은 이렇게 논의하고서 잘 안되었을 때 파업 등 행동을 보이는 거예요. 약하지만 함께 모여 힘의 균형을 이루는 거죠.

### 인간다운 생활을 할 권리

**제34조** ❶ 모든 국민은 인간다운 생활을 할 권리를 가진다.
　　　　❷ 국가는 사회보장·사회복지의 증진에 노력할 의무를 진다.
　　　　❸ 국가는 여자의 복지와 권익의 향상을 위하여 노력하여야 한다.
　　　　❹ 국가는 노인과 청소년의 복지향상을 위한 정책을 실시할 의무를 진다.
　　　　❺ 신체장애자 및 질병·노령 기타의 사유로 생활능력이 없는 국민은 법률이 정하는 바에 의하여 국가의 보호를 받는다.
　　　　❻ 국가는 재해를 예방하고 그 위험으로부터 국민을 보호하기 위하여 노력하여야 한다.

제34조에서는 모든 국민이 인간다운 삶을 살아가기 위해 필요한 국가의 역할을 제시했어요. 사회적으로 약자인 여성, 노인과 청소년, 신체장애자 등의 이야기를 하면서 국가가 무엇을 해야 하는지를 밝혔어요. 또한 국가는 재해를 예방하고 그 위험으로부터 국민을 보호하기 위해 노력해야 한다는 점을 밝히면서 국가가 국민을 위해 어떤 노력을 해야 하는지 잘 정리해 두었어요.

특히 제6항에서는 "국가는 재해를 예방하고 그 위험으로부터 국민을 보호하기 위하여 노력하여야 한다."고 되어 있어요. 예를 들어 노동자의 업무상 재해를 신속하고 공정하게 보상하며 사회 복귀를 도와주는 '산업 재해 보상 보험법'에는 국가의 부담 및 지원이 규정되어 있어요. 소방관, 경찰 등을 통해 국민이 위험에 빠지지 않도록 예방하고 구출해 주고요.

이 조항을 보노라면 떠오르는 사건이 있어요. 2014년에 있었던 세월호 참사죠. 역사는 묘하게도 반복되는 부분이 있어서 세월호 참사와 유사한 일을 19세기 초 프랑스에서 볼 수 있어요. 다음 그림을 한번 보세요. 〈메두사호의 뗏목〉이라는 그림이에요. 1816년 프랑스 해군은 '메두사호'란 이름의 새 군함을 물에 띄웠어요. 아프리카 식민지인 세네갈로 가던 '메두사호'가 암초에 부딪쳐 난파되었어요. 무능한 선장은 상급 선원, 장교, 상류층 승객들과 구명정을 타고 탈출

테오도르 제리코의 대표작 〈메두사호의 뗏목〉, 1819.

했어요. 선장 쇼마레는 사실 25년간 바다에 나가거나 배를 몰아 본 적이 없었어요. 이를 임명한 국가의 잘못도 컸어요. 침몰한 배에 남아 있던 149명은 뗏목에 몸을 싣고 살아남기 위해 몸부림쳤어요. 더욱이 뗏목을 구명정에 매달아 끌고 가기로 약속했던 선장은 밧줄을 잘라 버리고 도망쳤어요. 먹을 음식도 없고 마실 물도 없는 망망대해에서 살아남기 위해 심지어 죽은 동료의 시신을 먹으며 표류하다가 13일 만에 구출됐지만 살아남은 사람은 15명에 불과했답니다. 이 그림은 그렇게 살아남은 이들의 모습을 그렸어요. 화가 제리코는 선원들이 겪었던 공포와 좌절, 생존의 몸부림을 〈메두사호의 뗏목〉으로 그려서 당시 상황을 생생하게 표현했어요.

## 환경권

**제35조** ❶ 모든 국민은 건강하고 쾌적한 환경에서 생활할 권리를 가지며, 국가와 국민은 환경보전을 위하여 노력하여야 한다.

요즘 미세 먼지 때문에 난리죠. 자연은 우리 것이 아니라 우리 후손에게 잠시 빌려왔다고도 해요. 환경권은 국민이 건강하고 쾌적한 환경에서 공해 없는 생활을 누릴 수 있는 권리예요. 헌법에서는 환경 보전을 위한 노력의 주체를 '국가와 국민'이라고 하고 있어요. 우리도 모두 함께 노력해야 하는 일이에요. 이를 위해 구체적으로 토양 환경 보전법, 수질 환경 보전법 등이 만들어져 있답니다.

## 우리가 만들고 싶은 권리는?

자, 이렇게 우리 헌법에 규정된 다양한 권리를 살펴보았어요. 우리 헌법에 규정된 권리 말고도 다양한 권리를 생각해 볼 수 있어요.

예를 들어, 독일은 동물권이 헌법으로 명시되어 있답니다. 구체적인 조항을 살펴볼까요?

국가는 미래세대의 관점에서 생명의 자연적 기반과 동물을 보호할 책임을 갖는다.

독일에서도 이 부분은 10년 동안 날카롭게 논쟁이 되었다고 해요. 이미 법률로 동물이 속박에서 벗어날 수 있도록 했는데 헌법에까지 명시하는 게 맞는지에 대한 다른 의견들이 있었거든요.

여러 논의를 거쳐 2002년 독일 하원에서 찬성 543, 반대 15, 기권 15로 동물에게 헌법적 권한을 부여하게 되었지요.

혹시 여러분이 만들고 싶은 헌법 조항이 있나요?

### 국민의 의무

헌법 제2장에서는 '국민의 권리와 의무'를 밝혀 두었어요. 그런데 제2장을 보면 총 30개의 조문 중 28개는 국민의 권리를 주되게, 뒷부분의 2개 조문은 국민의 의무를 다루고 있어요. 재미난 건 권리와 의무가 함께 있는 조항도 있다는 거예요. 31조의 교육을 받을 권리에는 학부모가 자녀를 교육할 의무가 들어가 있어요. 32조의 1항에서는 모든 국민의 노동의 권리가, 2항에서는 노동의 의무가 규정되어 있고요. 의무보다 권리가 먼저 나오고 권리가 훨씬 많은 점은 다시 생각해 볼 지점이라고 봐요. 국민이 국가를 위해 존재하면 자칫 독일 나치나 일본 제국주의 시절처럼 국가가 일으킨 잘못된 전쟁에 국민이 강제로 동원되는 등의 문제를 되풀이할 수 있기 때문이죠.

그래서 헌법에 나온 국민의 의무는 국민이 인권을 보장받으며 살아가는 데 꼭 필요한 것만을, 그것도 국민의 권리 뒤에 다루어요. 이 중에서 납세의 의무와 국방의 의무는 나라를 지탱하는 데 꼭 필요한 사항으로 강조되고 있어요.

헌법의 숲에서 권리의 나무가
의무의 나무보다 먼저 나오고 더 큰 이유는 무엇일까?

그건 국민이 국가를 위해 존재하는 게 아니라
국가가 국민을 위해 존재한다는 사실을 강조하기
위해서라고 생각해.

자! 이제 헌법의 숲에서
나가서 헌법을 지키는 것들에
대해 알아보자.

**함께 생각해 볼까요!**

## 꿈 많은 청소년의 복지 향상을 위해 기본 수당을 주자

영미는 하고 싶은 일이 많아요. 새로운 곳에 가고, 새로운 사람을 만나고, 영화 보는 것을 좋아해요. 노래 가사처럼 24시간이 모자라요. 물론 시간만 모자라는 게 아니에요. 부모님에게 받는 용돈으로 이 모든 일을 하기에는 턱없이 모자라요. 그렇다고 아르바이트를 하기엔 아직 나이가 어려요. 그러다 헌법 제34조 제4항에서 "국가는 노인과 청소년의 복지향상을 위

### 모든 청소년에게 기본 수당을 주자!

그렇다

"국가는 청소년 복지 향상을 위한 정책을 펴야 하기에 하고 싶은 일은 많지만 소득이 없는 청소년들에게 기본 수당을 지급해야 할 의무가 있어. 청소년들도 인간다운 생활을 할 권리가 있다고."

한 정책을 실시할 의무를 진다."라는 내용을 보게 되었어요. 일하기 쉽지 않은 노인 분들을 위해 국가가 연금이나 수당을 주는 것처럼 하고 싶은 일은 많지만 소득이 없는 청소년을 위해 국가가 청소년 수당을 줘야 하지 않을까요?

## S. 모든 청소년에게 기본 수당을 주면 안 된다.

**아니다**

"헌법 제34조만으로 국민이 요구할 수 있는 구체적인 청구권이 생기지 않아. 그리고 청소년에게 기본 수당을 주면 유익한 곳에 쓰기보다 게임방 등에 낭비하며 학업에도 지장을 줄 거야. 또 그 돈 역시 국민의 세금에서 나오므로 예산 낭비야."

서울시 교육청에서는 2019년 3월부터 학교 밖 청소년들에게 매달 20만 원씩 수당을 줄 계획이에요. 서울 성북구는 2017년에 구내 중학교 1학년 학생과 학교에 다니지 않는 만 13세 청소년까지 포함해 연간 10만 원을 적립한 '아동·청소년 동행 카드'를 발급한 적이 있어요. 아동·청소년 동행 카드는 성북구 내 미술관, 박물관, 공연장, 서점(참고서 등 교과 관련 서적 제외), 체육 시설, 스포츠 관람, 문화·예술·체육 분야 학원 및 교습소 등에서 사용할 수 있었고요. 단 영화관은 전국 어디서나 사용할 수 있었어요.

# 3장 헌법을 지키는 방법

이제 마지막 3장입니다. 1장에서 헌법의 전체 흐름을 살피고, 우리에게 가지는 의미를 살펴보았죠. 2장에서는 '국민의 권리와 의무'를 중심으로 헌법을 통해 우리의 자유와 평등, 행복 등이 지켜질 수 있음을 알아보았어요.

이번 장에서는 1장과 2장에서 배운 헌법의 내용이 실제 어떻게 만들어지고 적용되는지 살펴보려고 해요.

아무리 좋은 말도 실제 지켜지지 않는다면 아무 소용이 없겠죠? 헌법에 명시된 여러 좋은 가치를 실천하려고 노력하는 곳을 '헌법 기관'이라고 해요.

여러분 반에도 회장, 부회장이 있고 학급 회의가 있죠? 여러분의 의견을 모아서 선생님에게 전달하고, 반 전체의 일을 결정하고 실행하는 역할을 하는 이런 곳을 기관이라고 할 수 있어요. 우리나라 국민이 5,000만 명인데 이 인구가 무슨 일이 있을 때마다 다 모여서 논의하고 결정하고 함께 일을 하기는 어렵잖아요. 그걸 국민을 대신해서 하는 곳이라고 생각하면 돼요.

우리에게 가장 익숙한 헌법 기관으로는 국회, 대통령, 법원이 있답니다. 그 외에도 선거 관리 위원회, 지방 자치 단체와 의회도 헌법에서 설명하고 있어요. 우리나라에 다른 여러 기관도 있지만 헌법에서 정하고 있다는 것은 그만큼 중요하다는 뜻이겠죠. 헌법을 바꾸지 않는 이상 이 기관들을 없앨 수 없으니까요.

결국 헌법 기관은 우리를 대신해 심부름을 하는 곳이라고 할 수 있답니다. 우리가 직접 뽑는 곳도 있고, 직접 뽑지 않더라도 우리 국민으로부터 시작된 곳들이에요. 따라서 심부름을 잘하는지 감시도 해야 하고, 그러기 위해 각 기관의 역할도 알아야 하죠.

국회    대통령    법원

헌법을 지키는 3대 기관이래요.

# 1. 헌법 아래 법률을 만드는 국회

## 우리나라의 가장 큰 회의

맨 먼저 만나 볼 헌법 기관은 국회입니다. 국회의원은 서로 다른 주장을 하며 논쟁하는 경우가 많아요. 여러분도 반 회의를 하다 보면 서로 의견이 달라 토론이 오갈 때가 있잖아요.

예를 들어, 다음 주에 체험 학습을 가기로 했는데 어디로 가면 좋을지? 우리 교실을 깨끗하게 하려면 청소 당번을 어떻게 정하면 좋을지? 등등. 이런 여러 문제에 대해 다양한 생각과 입장을 조정하고 실행하는 것이 바로 정치예요. 사전에서는 정치를 "통치자나 정치가가 사회 구성원들의 다양한 이해관계를 조정하거나 통제하고 국가의 정책과 목적을 실현시키는 일"이라고 설명하고 있어요. 합의를 위해 중요한 것은 일정한 원칙을 만들어 가는 거예요. 국회에서는 이러한 원칙들을 만드는 중요한 역할을 해요. 법을 만들고, 때로는 헌법을 바꾸기도 해요.

국회란 나라에서 가장 큰 '회의'라고 할 수 있어요. 국가의 일을 결정하는 회의. 어떠세요? 조금 더 와닿나요?

그럼 회의의 원칙도 잠깐 살펴볼게요. 먼저 국회의원들 간에 치열한 토론을 거쳐서 다음처럼 민주적으로 결정해요.

**제49조** 국회는 헌법 또는 법률에 특별한 규정이 없는 한 재적의원 과반수의 출석과 출석의원 과반수의 찬성으로 의결한다. 가부동수인 때에는 부결된 것으로 본다.

또한 이러한 회의는 원칙적으로 국민에게 공개하게 되어 있어요. 여러분도 직접 국회에 가서 국회의원들의 회의를 지켜볼 수 있어요. 직접 가지 않아도 TV와 인터넷을 통해 생중계로 볼 수도 있고, 여러분이 즐겨 보는 유튜브에도 국회 회의 장면이 많이 올라와 있어요. 우리가 뽑은 일꾼들인 만큼 어떻게 일하는지 지켜볼 수 있게 한 것이죠.

**제50조** ❶ 국회의 회의는 공개한다. 다만, 출석의원 과반수의 찬성이 있거나 의장이 국가의 안전보장을 위하여 필요하다고 인정할 때에는 공개하지 아니할 수 있다.

## 회의로 결정하는 일

그럼 구체적으로 헌법을 통해서 국회가 하는 일을 살펴볼까요? 먼저 헌법 제40조에 나오듯이 국회는 법을 만드는 권한이 있답니다. 이를 '입법권'이라고 해요. 하지만 제52조에 나오듯이 법률안은 국회의원뿐만 아니라 정부도 제출할 수 있어요. 국회의원이나 정부가 법률안을 제출하면 이를 국회에서 심사하고 의결한 뒤 마지막으로 대통령이 공포한답니다.

**제40조** 입법권은 국회에 속한다.
**제52조** 국회의원과 정부는 법률안을 제출할 수 있다.
**제53조** ❶ 국회에서 의결된 법률안은 정부에 이송되어 15일 이내에 대통령이 공포한다.

다음으로 국가의 살림살이와 관련한 권한이 있어요. '조세'란 국가의 살림살이를 위해 국민에게 걷는 세금을 얘기해요. 세금을 걷어서 학교와 도로도 짓습니다. 2장에서 배운 대로 국가가 국민의 권리를 보호하고 인간다운 생활을 할 수 있도록 하기 위해서도 세금은 꼭 필요해요. 하지만 정부가 마음대로 걷어서 국민에게 부담을 주면 안 되니까 국회에서 세금을 확정하도록 하고 있죠. 또한 행정부에서 예산

국회는 저렇게 법을 만드는
권한을 가지고 있어.
이걸 '입법권'이라고 해.

나는 '법' 말고
'밥' 만들었다냥~

안을 올리면 국회에서는 이를 심사해서 확정하는 역할을 해요.

**제54조** ❶ 국회는 국가의 예산안을 심의·확정한다.
**제59조** 조세의 종목과 세율은 법률로 정한다.

끝으로 대통령과 정부가 하는 일을 감시하고 견제하는 권한이 있어요. 정부가 제대로 일을 하는지, 잘못은 없는지 매의 눈으로 살피는 역할을 하지요. 헌법이나 법률을 어겼을 때는 그 지위에서 일을 할 수 없게 파면하기도 해요. 바로 '탄핵'이에요.

**제61조** ❶ 국회는 국정을 감사하거나 특정한 국정사안에 대하여 조사할 수 있으며, 이에 필요한 서류의 제출 또는 증인의 출석과 증언이나 의견의 진술을 요구할 수 있다.
**제65조** ❶ 대통령·국무총리·국무위원·행정각부의 장·헌법재판소 재판관·법관·중앙선거관리위원회 위원·감사원장·감사위원 기타 법률이 정한 공무원이 그 직무집행에 있어서 헌법이나 법률을 위배한 때에는 국회는 탄핵의 소추를 의결할 수 있다.

## 국회의원은 우리가 뽑아요

이렇게 중요한 역할을 하는 국회의원은 어떻게 뽑을까요? 학교에서 선거로 회장을 뽑듯이 우리 대신 국가의 중요한 회의를 하는 국회의원도 선거로 뽑는답니다. 헌법에 나온 다음의 국회의원 선거 원칙을 살펴볼까요.

**제41조** ❶ 국회는 국민의 보통·평등·직접·비밀선거에 의하여 선출된 국회의원으로 구성한다.
❷ 국회의원의 수는 법률로 정하되, 200인 이상으로 한다.
**제42조** 국회의원의 임기는 4년으로 한다.

여기서 보통·평등·직접·비밀 선거 원칙을 좀 더 살펴볼까요. 보통 선거란 연령 이외에는 자격 조건을 두지 않고 국민 모두에게 선거권을 주는 선거란 얘기예요. 앞서 살펴봤듯이 예전에는 흑인이나 여성은 선거를 할 수 없었던 시대가 있었죠. 평등 선거는 모두에게 한 표를 준다는 이야기이고요. 직접 선거는 쉽죠? 선거를 하는 사람이 중간 선거인을 선정하지 않고 직접 대표를 선출할 수 있게 하는 것이고요. 마지막으로 비밀 선거는 누구에게 투표하는지 공개하지 않고 비밀을 보장해 주는 것이죠.

### 국민을 대표해서 소신껏 일해 주세요

국민이 선거를 통해 여러 희망과 바람을 담아 국회의원을 뽑았지만 회의에서 바른 소리를 못할 수도 있어요. 미운털 박혀서 불이익을 당하면 어떡하나 걱정되어서 말이에요. 그러다 보면 국민의 눈치를 보는 게 아니라 권력자의 눈치를 보게 될 수 있어요. 그래서 헌법에서는 다음처럼 국회의원이 소신껏 일할 수 있도록 해 두었어요.

**제44조** ❶ 국회의원은 현행범인인 경우를 제외하고는 회기 중 국회의 동의없이 체포 또는 구금되지 아니한다.
**제45조** 국회의원은 국회에서 직무상 행한 발언과 표결에 관하여 국회 외에서 책임을 지지 아니한다.
**제46조** ❶ 국회의원은 청렴의 의무가 있다.
❷ 국회의원은 국가이익을 우선하여 양심에 따라 직무를 행한다.

먼저 제44조에서는 국회의원은 현행 범인인 경우를 제외하고는, 즉 범죄 현장에서 바로 붙잡히는 경우가 아니라면 국회에서 동의하지 않는 이상 회기 중에 체포 또는 구금되지 않는다고 하고 있어요. 회의를 계속할 수 있도록 하는 거죠. 제45조에서는 국회에서의 발언과 표결에 대해 국회 바깥에서 책임을 지지 않도록 하고 있어요. 국회 안에서는 소신껏 발언할 수 있도록 보장해 주는 거예요. 이 모두는 국회의원만의 특권이에요. 힘 있는 사람들의 눈치를 보지 말고 모든 국민을 위해 열심히 일하라는 취지이죠. 이런 특권을 사사로이 쓰지 말라고 제46조에서 국회의원에게 청렴의 의무를 지우고 국가 이익을 우선하여 양심에 따라 직무를 행하라고 하고 있어요. 권력자가 아니라 국가의 주인인 국민의 이익을 우선하라는 이야기죠.

> "국회가 하는 일은 크게 세 가지예요.
> 첫째, 법을 만드는 권한이 있어요.
> 이를 입법권이라고 해요.
> 둘째, 정부가 거두는 세금을 확정하고,
> 국가의 예산안을 심사하고 확정해요.
> 셋째, 대통령과 정부가 하는 일을
> 감시하고 견제해요."

## 국회를 찾아가 봐요

국회 의사당 본회의장으로 가 볼까요? 먼저 천장의 전등 갯수를 세어 보아요. 다 세었나요? 총 365개라고 해요. 이 숫자에는 1년 내내 국민이 지켜보고 있다는 뜻이 담겨 있어요. 실제로 2층에는 국민이 볼 수 있는 자리가 마련되어 있고 여러분도 언제든지 가서 볼 수 있어요.

맨 앞을 보면 국회라는 글자가 꽃에 새겨져 있어요. 어떤 꽃인지 알아차렸나요? 맞아요, 무궁화예요. 우리나라 꽃이기도 하죠. 그 아래 가장 큰 책상은 국회 의장의 자리예요. 의장은 회의를 진행하고 국회의 질서를 유지하는 일 등을 해요.

대한민국 국회.

그 앞의 연단은 국회의원이 앞에 나와서 의견을 발표하는 자리예요. 대통령이나 장관들도 이 자리에서 국민을 위하여 하고 있는 일을 국회의원에게 설명해요. 또한 국회로 불러서 여러 질문을 하기도 해요. 대통령과 정부가 법에 따라 나랏일을 잘하였는지 꼼꼼하게 감시하기 위해서예요.

마지막으로 왼쪽에 큰 전광판이 보이는데요, 여기에는 회의 결과가 나와요. 국회의원이 책상에서 각 안건에 대해 찬성/반대 의견을 표시하면 그 결과를 바로 알 수 있게 해 주는 거죠.

국회 의사당의 본회의장 방청 외에도 4층 전시실 관람도 가능하고 헌정 기념관을 둘러보고 의정 체험관에서 모의 국회 체험도 할 수 있어요.

### 국회를 둘러봐요

| | |
|---|---|
| 국회 의사당 : 본회의장 방청석 및 4층 전시실 관람 | |
| 헌정 기념관 : 홍보 영상관, 각종 전시관 관람 | |
| 의정 체험관(헌정 기념관) : 모의 국회 체험 | |
| – 별도 신청 | |
| – 초등학교 4학년(11세) 이상 단체(20인 이상), 45명 정원, 선착순 예약 | |

## 2. 대통령도 헌법을 지켜야 한다!

### 법을 바탕으로 우리나라 살림을 꾸려 가는 대통령과 행정부

**제94조** 행정각부의 장은 국무위원 중에서 국무총리의 제청으로 대통령이 임명한다.

행정부는 국회에서 만든 법을 바탕으로 나라의 살림을 꾸려 가는 곳이에요. 이 행정부의 우두머리가 바로 대통령이죠.

대통령에 당선되려면 많은 노력이 필요해요. 과연 우리나라를 어떤 나라로 만들 것인지에 대한 정책을 발표하고 대통령 선거에 나와 여러 후보와 선의의 경쟁을 하면서 국민의 선택을 받아야 하거든요.

국민은 대통령 선거 과정에서 각 후보자들의 공약이 어떠한지 꼼꼼하게 따져 보게 된답니다. 대통령 후보자들은 텔레비전 토론과 선거 유세 등을 통해 어떤 목표를 갖고 대통령 후보로 나섰는지 밝히지요. 국민은 대통령 후보자들의 공약을 비롯하여 여러 가지를 헤아려서 우리나라를 5년 동안 이끌어 갈 대통령을 투표로 뽑아요.

옛날에는 왕은 하늘에서 내려왔다고 생각하기도 했어요. 그리고 왕 자신이 국가이다, 라고 얘기하기도 했어요. 하지만 대통령은 하늘에서 내려온 게 아니라 국민이 뽑은 거예요. 국민이 고용주인 셈이죠. 1장에서 봤던 모든 권력은 국민으로부터 나온다, 라는 조문을 생각해 보세요. 권력이라는 말은 헌법에서 단 한 번만 나와요. 권력은 오로지 국민만 가질 수 있어요. 권력의 주인인 국민이 다른 일로 바쁘기에 국회의원, 대통령, 판사 등 국민의 권력을 대신해서 행사할 수 있는 사람들을 뽑거나 임명한 거예요. 링컨 대통령은 "국민의, 국민에 의한, 국민을 위한 정부"라고 얘기했어요. 국가의 주인은 국민이에요.

이런 의미를 담아 대통령 선거를 통해 당선자가 결정된 뒤, 대통령에 취임하게 되면 맨 먼저 하는 일이 있어요. 바로 국민 앞에서 선서를 하는 것이에요. 우리가 고용주이니 어떤 일을 하기로 약속했는지 살펴볼 필요가 있겠죠?

**제69조** 대통령은 취임에 즈음하여 다음의 선서를 한다. "나는 헌법을 준수하고 국가를 보위하며 조국의 평화적 통일과 국민의 자유와 복리의 증진 및 민족문화의 창달에 노력하여 대통령으로서의 직책을 성실히 수행할 것을 국민 앞에 엄숙히 선서합니다."

## 대통령과 정부는 어떤 일을 할까?

대통령은 우리나라를 대표하여 외교를 하고 군대를 총괄하는 등 중대한 역할을 해요. 국회와 더불어 국민을 대표하는 역할을 하지요. 이와 관련해 헌법 제66조에 역할이 명시되어 있어요. 국가 원수로서, 헌법 수호자로서, 행정의 책임자로서 역할이 나와 있어요. 특히 헌법 수호자로서 의무에 대해서는 앞의 선서에서도 얘기를 했죠.

**제66조** ❶ 대통령은 국가의 원수이며, 외국에 대하여 국가를 대표한다.
❷ 대통령은 국가의 독립·영토의 보전·국가의 계속성과 헌법을 수호할 책무를 진다.
❸ 대통령은 조국의 평화적 통일을 위한 성실한 의무를 진다.
❹ 행정권은 대통령을 수반으로 하는 정부에 속한다.

'행정권'은 국회의 '입법권'과 더불어 국가의 중요한 역할이에요. 국회에서 법을 만든다면, 이 법에 따라서 실제 나라의 살림을 꾸려가는 것이죠.

대통령은 행정 각부를 통솔하며 행정 각부의 장도 대통령이 임명해요. 다만 국무회의와 국무총리를 통해서 여러 정책을 심의하고 집행해요.

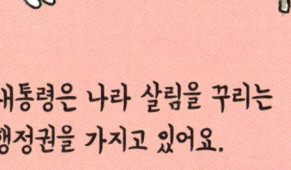

**제86조** ❶ 국무총리는 국회의 동의를 얻어 대통령이 임명한다.
　　　　 ❷ 국무총리는 대통령을 보좌하며, 행정에 관하여 대통령의 명을 받아 행정각부를 통할한다.
**제88조** ❶ 국무회의는 정부의 권한에 속하는 중요한 정책을 심의한다.
**제94조** 행정각부의 장은 국무위원 중에서 국무총리의 제청으로 대통령이 임명한다.

## 대통령은 무슨 일이든 다 할 수 있을까?

　그렇다면 이렇게 중대한 역할을 하는 대통령은 무슨 일이든 다 할 수 있을까요? 그렇지 않아요. 대통령이 되었을 때 앞서의 선서를 하는 이유가 있어요. 이 선서는 대통령이 얼마나 중요한 자리인지를 확인하기 위해서 마련된 것이에요. 짧은 이 선서를 그저 형식적으로 읽을 수도 있지만 대통령이라면 그 내용을 마음에 새기면서 읽어야 해요. 나라의 주인인 국민에게 반드시 지켜야 할 약속이기 때문이에요.
　실제로 우리나라에서는 최근 이 선서와 달리 헌법을 지키지 않아 대통령이 탄핵되었답니다. 무심코 지나쳤던 선서의 내용이 얼마나 중요한지 온 국민이 함께 깨달았지요. 바로 국민이 뽑은 대통령이 헌법을 지키지 않고 국민의 뜻을 내팽겨쳤기 때문이에요. 불행한 일이지만 이 일을 통해 대통령에 당선되고 나서 국민에게 하는 약속인 선서가 왜 중요한지 다시 헤아려 볼 수 있는 계기가 아니었나 싶어요.

대통령은 헌법과 법률에 따라 권한을 행사하여야 함은 물론, 공무 수행은 투명하게 공개하여 국민의 평가를 받아야 합니다. 그런데 피청구인은 최서원의 국정 개입 사실을 철저히 숨겼고 그에 관한 의혹이 제기될 때마다 이를 부인하며 오히려 의혹 제기를 비난하였습니다. 이로 인해 국회 등 헌법 기관에 의한 견제나 언론에 의한 감시 장치가 제대로 작동될 수 없었습니다.

피청구인의 헌법과 법률 위배 행위는 재임 기간 전반에 걸쳐 지속적으로 이루어졌고 국회와 언론의 지적에도 불구하고 오히려 사실을 은폐하고 관련자를 단속해 왔습니다. 그 결과 피청구인의 지시에 따른 참모 등이 부패 범죄 혐의로 구속 기소되는 중대한 사태에 이르렀습니다. 이러한 피청구인의 위헌·위법 행위는 대의 민주제 원리와 법치주의 정신을 훼손한 것입니다.

한편, 피청구인은 대국민 담화에서 진상 규명에 최대한 협조하겠다고 하였으나 정작 검찰과 특별 검사의 조사에 응하지 않았고 청와대에 대한 압수 수색도 거부하였습니다. 이 사건 소추 사유와 관련한 피청구인의 일련의 언행을 보면 법 위배 행위가 반복되지 않도록 할 헌법 수호 의지가 드러나지 않습니다. 결국 피청구인의 위헌·위법 행위는 국민의 신임을 배반한 것으로 헌법 수호의 관점에서 용납될 수 없는 중대한 법 위배 행위라고 보아야 합니다.

피청구인의 법 위배 행위가 헌법 질서에 미치는 부정적 영향과 파급 효과가 중대하므로 피청구인을 파면함으로써 얻는 헌법 수호의 이익이 압도적으로 크다고 할 것입니다. 이에 재판관 전원의 일치된 의견으로 주문을 선고합니다.

주문 "피청구인 대통령 박근혜를 파면한다."

\* 박근혜 전 대통령 탄핵 결정문 일부 (2016헌나1)

## 역사 인물로 여러분만의 정부를 만들어 봐요

　나랏일은 대통령 혼자 마음대로 결정하지 않아요. 나랏일은 대통령, 국무총리 그리고 각부의 장관들이 참여하는 국무회의를 통해 결정해 나가요. 대통령은 국무회의를 이끌면서 정부의 가장 큰 책임자의 역할을 하게 되고요. 만일 대통령이 외교 등을 위해 다른 나라를 방문하여 자리를 비우게 되면 국무총리가 대통령의 역할을 대신 맡아서 해요. 정부에는 기획재정부, 교육부, 국방부, 법무부, 환경부 등등 나랏일을 전문적으로 맡기 위한 행정 각부가 있답니다. 대통령은 국회의 동의를 얻어서 행정 각부의 장관을 임명해요.

　만일 여러분이 역사 인물 중에서 장관을 뽑는다면 과연 어떤 인물이 좋을지 한번 추천해 볼까요. 예를 들어 교육부 장관에 한글을 만든 세종 대왕을 추천해서 한글을 배우지 못했던 할머니 할아버지에게 한글의 매력을 알려 주고 싶어요, 라고 써 보는 거죠.

우리가 만들어 보는 정부

## 역사 인물로 정부 만들어 보기

| 행정 각부 | 장관과 장관으로 뽑은 까닭 |
|---|---|
| 기획재정부 | 김만덕 : 경제를 잘 이해하여 큰 상인으로 성공을 거두었고, 어려운 사람들을 도와 더불어 함께 살아갈 수 있는 바탕을 마련한 점이 훌륭함.<br>(    ) : |
| 교육부 | (    ) : |
| 국방부 | (    ) : |
| 법무부 | (    ) : |
| 문화 체육 관광부 | (    ) : |

[보기] 역사 인물

권기옥  김구  김만덕  김정호  남자현  방정환  서희  이순신  신사임당  유관순  이준
장보고  정몽주  전태일  정약용  허난설헌

# 3. 헌법은 우리 모두가 함께 지키고 만들어 가는 것이에요!

## 법이 잘 지켜지는지 감시하는 법원

앞서 살펴본 국회의 '입법권', 정부의 '행정권'에 이어 이번에는 법원의 '사법권'을 살펴볼 거예요. 국가의 역할을 이렇게 세 가지로 나눠서 각기 다른 헌법 기관에 맡긴 이유는 서로 견제하며 균형을 이루도록 하기 위해서예요. 어느 하나가 많은 권한을 가지게 될 경우 잘못된 방향으로 갈 수 있기 때문이지요. 그리고 국가의 이러한 권한은 국민의 권리를 보호하기 위해 작동되어요.

국회가 법을 만들고 대통령과 행정부가 법을 지키며 일을 한다면 법원은 법이 잘 만들어졌는지, 잘 적용되었는지 판단해요. 국회에서 만든 법이 헌법에 어긋나지는 않는지, 행정부가 한 일이 헌법과 법에 어긋나지는 않는지 판단하는 거죠. 이 모두는 국민의 권리 보호를

위해서예요. 세 곳 모두 다른 방식으로 우리의 권리를 보호하는 파수꾼인 셈이죠. 헌법에 따라 각기 다른 방식으로 국민의 권리를 보호하고 정의를 지키기 위해 노력하는 거예요.

구체적으로 법원은 법을 기본 바탕으로 해서 재판을 하는 곳이에요. 법이 제대로 지켜지지 않아 문제가 생길 경우에는 법원의 판단을 통해 문제를 해결해요. 법원의 판결은 사람들 사이에 일어난 갈등을 해결하고 국가나 개인 등으로부터 피해를 입은 사람을 도와줘요. 사회 질서를 지키기 위해 잘못된 일을 한 사람은 처벌하기도 하고요. 이와 관련해서 다음 헌법 조문을 살펴볼까요?

**제27조** ❶ 모든 국민은 헌법과 법률이 정한 법관에 의하여 법률에 의한 재판을 받을 권리를 가진다.
**제101조** ❶ 사법권은 법관으로 구성된 법원에 속한다.
**제103조** 법관은 헌법과 법률에 의하여 그 양심에 따라 독립하여 심판한다.

국회의원, 대통령처럼 법관 역시 권력자가 아닌 국민의 편이어야 해요. 그래서 법관은 돈과 권력에 휘둘리지 않고 오로지 헌법과 법률을 바탕으로 양심에 따라 독립적으로 심판을 할 수 있어야 해요. "판사가 내린 판결은 대법원장인 나도 이래라저래라 말할 수 없습니다." 일제 시대 독립운동가이자 정치인이며 초대 대법원장을 지낸 김

병로 대법원장이 이승만 대통령이 재판부의 판결에 대해 반발했을 때 한 말이에요.

## 법률도 헌법에 위배된다면 효력 정지, 헌법 재판소

국회에서 만든 법이 모두 올바른 건 아니에요. 따라서 헌법 재판소에서는 국회에서 만든 법률이 헌법에 어긋나지 않는지, 국가가 국민의 헌법상 권리를 해치지는 않는지 살펴보는 역할을 해요. 헌법 재판소가 위헌이라고 결정한 법률이나 법률 조항은 즉시 효력을 잃게 돼요.

이 외에도 다음처럼 헌법에서는 헌법 재판소의 역할을 정하고 있어요. 먼저 법률이 헌법에 어긋나는지 판단하고, 대통령과 국무총리를 비롯한 고위 공무원이 헌법에 위배되는 일을 했는지 판단해요. 이 부분은 앞에서 살펴봤죠. 또 정당의 활동이 헌법 질서에 위배되는지 살피고, 국가 기관 간 권한 다툼이 있을 때에도 판단을 해요.

**제111조** ❶ 헌법 재판소는 다음 사항을 관장한다.
    1. 법원의 제청에 의한 법률의 위헌여부 심판
    2. 탄핵의 심판
    3. 정당의 해산 심판

4. 국가기관 상호간, 국가기관과 지방자치단체간 및 지방자치단체 상호간
      의 권한쟁의에 관한 심판
   5. 법률이 정하는 헌법소원에 관한 심판

위와 관련해서 오른쪽 내용도 살펴봐요.


## 헌법은 계속 변화하는 것!

1장에서 얘기한 것처럼 헌법은 계속 변화해 왔어요. 처음 헌법이 만들어지고 난 뒤 똑같은 내용으로만 이어져 온 것이 아니에요. 헌법은 사회와 새로운 시대적 변화 속에서 고쳐 나가고 새로운 내용을 더하기도 하거든요. 다음처럼 우리 헌법에도 헌법을 바꿔 가는 방법을 정해 두었어요.

**제128조** ❶ 헌법개정은 국회재적의원 과반수 또는 대통령의 발의로 제안된다.

**제130조** ❶ 국회는 헌법개정안이 공고된 날로부터 60일 이내에 의결하여야 하며, 국회의 의결은 재적의원 3분의 2 이상의 찬성을 얻어야 한다.

❷ 헌법개정안은 국회가 의결한 후 30일 이내에 국민투표에 붙여 국회의원 선거권자 과반수의 투표와 투표자 과반수의 찬성을 얻어야 한다.

❸ 헌법개정안이 제2항의 찬성을 얻은 때에는 헌법개정은 확정되며, 대통령은 즉시 이를 공포하여야 한다.

## 장발장법을 바꾼 헌법 재판소의 판결

　경제 개발을 강조하던 시기에 절도죄를 강력하게 처벌해야 한다는 여론이 강했다. 남의 돈을 훔쳐도 크게 벌을 받지 않으면 오히려 열심히 일하는 사람들의 의욕이 떨어지기 때문이다. 그래서 절도죄는 6년 이하의 징역형으로 처벌하는데, 특별법을 만들어 상습 절도에 대해 3년 이상으로, 조금 더 심한 경우 6년 이상으로 처벌하는 법을 만들었다. 그러다 보니 피해 액수를 전부 합해도 얼마 되지 않는 푼돈인데 처벌은 아주 무겁게 받는 경우가 생겼다. 얼마나 비싼 물건을 훔쳤느냐가 아니라 죄를 저지른 횟수에 따라 처벌하도록 했기 때문이다. 사람을 죽여도 5년 이상의 형을 받는데 도둑질을 몇 번 하면 6년 이상, 심지어는 무기 징역까지 받을 수 있었기에 이 법을 가리켜 일명 '장발장법'이라고 부르기도 했다. 법조계 안팎에서는 이 법이 헌법으로 보장하고 있는 국민의 기본권을 해치지는 않는지 심각한 의문을 제기하는 목소리가 끊이지 않았다. 그리고 마침내 2016년 2월 헌법 재판소의 결정을 통해 '장발장법'은 효력을 잃고 사라졌다.

사실 현재 우리나라 헌법은 그동안 아홉 차례 바뀌어 왔어요. 그런데 헌법이 처음으로 바뀐 과정은 바람직하지 않았어요. 헌법에서는 국가의 주인이 국민이라고 했지만, 막상 헌법을 바꾸는 과정에서 국민보다는 권력을 가진 사람들이 국민을 무시하고 헌법을 마음대로 바꿨기 때문이에요. 이에 1987년에는 국민이 직접 민주주의를 지키기 위해 6월 민주 항쟁 등을 통해 잘못된 헌법을 바로잡았어요. 그 결과가 현재의 헌법(1987년 9차 개정한 헌법)으로 마련되었어요. 1987년에 바뀐 헌법 덕분에 대통령을 국민이 직접 투표로 뽑을 수 있게 되었어요. 지금의 헌법도 사회의 변화에 맞춰 국민과 국가를 위해 더 좋은 헌법으로 바뀔 수 있답니다.

헌법은 대한민국 최고의 법으로 한번 정해지면 변화하지 않을 것 같지만 이처럼 헌법은 그동안 여러 차례 바뀌어 왔어요. 헌법은 절대 변하지 않는 것이 아니라 시대의 변화와 국민의 의견 변화에 맞춰 바꿔 나갈 수 있기 때문이에요.

헌법이 바뀐 과정을 보면 우리나라 현대사가 어떻게 전개되었는지 알 수 있어요. 우리 헌법은 제정 이후 4·19 혁명, 5·16 군사 정변, 10월 유신, 6월 민주 항쟁 등 굵직한 역사적 사건들에 따라 아홉 차례 바뀌어 왔거든요.

자유당과 이승만 정권의 독재와 부정 선거에 저항하여 일어난

4·19 혁명을 계기로 더욱 민주적으로 헌법이 개정되었으나, 5·16 군사 정변 이후 집권한 권위주의 정권들은 여러 번의 개헌을 통해 국민의 참정권과 기본권을 제한하고 자신의 권력을 키우며 민주주의를 억눌렀어요. 하지만 국민이 들불처럼 일어난 1987년의 6월 민주 항쟁으로 국민의 기본권과 민주주의를 지향하는 헌법을 새롭게 마련할 수 있었어요.

최근 촛불 시위로 부당한 권력을 행사한 대통령을 탄핵한 국민은 헌법에 대한 관심이 높아졌어요. 바로 국민의 주인 문서라 할 수 있는 헌법을 국민의 입장에서 좀 더 민주적으로 바꿔 나가려고 준비하는 사람도 있어요. 국민이 주인 되는 헌법을 위해 필요한 것은 무엇일지 우리 함께 생각해 볼까요.

헌법의 숲 여행을 마치는데요, 잘 이해가 되지 않거나 아직 와닿지 않는 부분도 있을 거예요. 조문을 외우려 하거나 모든 조문을 다 보려고 하기보다는 헌법이 담고 있는 이야기에 귀를 기울여 보세요. 지금으로부터 100년 전인 1919년 대한민국을 처음 세웠던 이야기, 어린이들을 포함해 사람으로 태어난 이상 우리 모두 소중하고 행복해야 한다는 선언, 국가의 주인은 국민으로 국회의원, 대통령, 법관은 국민의 권리 보호와 행복 증진을 위해 일해야 한다는 외침 등. 선조들의 이러한 목소리에 여러분의 목소리를 추가해 보세요.

"헌법의 숲에서 헌법이 담고 있는 이야기에 귀를 기울여 보세요. 선조들의 목소리에 여러분의 목소리를 추가해 보세요."

## 우리 반, 우리 집의 헌법을 만들어 볼까요?

자, 마지막으로 함께 풀어 갈 내용입니다.
1장에서는 우리가 만들고 싶은 나라,
2장에서는 우리가 만들고 싶은 헌법 기본권 조항으로 얘기를 나눠 보았죠.
이제 우리만의 헌법을 만들어 보려고 해요.
학급 헌법도 좋고 우리 집 헌법도 좋아요.
다음은 한 학급에서 만든 헌법의 예시입니다.

**제1조** 6학년 5반은 선생님과 함께 만들어 가는 학급이다.
**제2조** 6학년 5반은 남학생 여학생 모두 평등하다.
**제3조** 6학년 5반에서는 자기 의사를 표현할 수 있다.
**제4조** 우리는 문제가 있을 때 평화로운 해결 방법을 지향한다.
**제5조** ❶ 6학년 5반 학생은 교육의 권리가 있다.
　　　　❷ 6학년 5반 선생님은 학생들을 가르칠 권리와 의무가 있다.
**제6조** 6학년 5반은 행복을 추구하고 폭력 없는 교실을 만들려고 노력한다.
**제7조** 6학년 5반 선생님은 학생들의 의견을 반영하도록 노력한다.
**제8조** 우리 6학년 5반은 바르고 고운 말을 사용한다.
**제9조** 우리 반은 건강하고 쾌적한 환경에서 공부할 권리를 가진다.

집에서도 헌법을 만들어 볼 수 있어요. 여러분도 함께 해 볼까요.

## 대법원을 찾아가 봐요

 법원 중에서도 대법원은 대한민국 최고의 법원으로, 최종 판결을 내리는 곳이에요. 이곳을 함께 찾아가 볼까요. 대법원에 가면 우리나라의 법과 법원의 역사에 대해 알 수 있고, 실제 재판이 열리는 법정 안으로 들어갈 수 있어요. 대법원의 모습을 살피며 법원의 역할을 다시 한번 생각해 봐요.

 먼저 대법원 건물 앞에는 '자유, 평등, 정의'가 크게 쓰여 있어요. 바로 바람직한 사법권을 행사하기 위해 꼭 필요한 내용을 담아 둔 것이에요.

 또 눈에 띄는 게 저울과 책을 들고 있는 동상이에요. 바로 '정의의 여신상'인데요, 사실 이 여신상은 대개 한 손에 저울을, 한 손에 칼을 쥐고 있어요. 저울은 공평하게 다툼을 해결하는 것을 뜻하고, 칼은 정의의 심판을 내리는 것을 뜻해요. 하지만 우리나라 대법원에 있는 정의의 여신상은 칼 대신 법전(法典)을 들고 있어요. 정의를 지키는 상징으로 이 여신상은 법률이 정하는 원칙에 맞게 어느 쪽에도 기울지 않고 공평한 판결을 내리겠다는 의미를 갖고 있어요. 또 유럽의 정의의 여신과 달리 눈을 가리지 않고 있어요. 재판받는 이의 사정도 함께 자세히 살펴 공정하게 재판하라는 취지가 담겨 있다고 해요. 다만 돈과 권력에 휘둘리면 안 되겠죠.

 법정도 살펴볼까요? 소법정은 대법원으로 올라온 사건의 대부분을 재판

하는 곳이에요. 대법관 3명 이상이 의논을 해서 의견이 모두 일치해야 판결이 나와요. 만약 한 사람이라도 의견이 일치하지 않는다면 좀 더 신중하게 판결하기 위해 대법정으로 옮겨 재판해요. 의견이 일치하지 않기에 누가 옳은지 그른지 가리기 힘든 사건을 대법정에서 재판해요. 잘못된 법에 관한 사건처럼 큰 사건들도 재판하고요. 대법정에서는 대법원장을 비롯한 13명의 대법관이 재판을 해요.

대법원에는 법원 전시관도 있어요. 여기서 우리나라의 법과 사법 기관의 역사를 알 수 있어요. 또한 소법정에서 실제 법관이 입는 법복을 입고 모의재판을 체험해 볼 수도 있어요. 관람을 예약하여 대법정에서 판사와의 대화 시간도 가질 수 있어요. 판사를 직접 만나 법과 법원의 기능에 대해 설명을 듣고 궁금한 점을 질문해 보세요.

# 대한민국 헌법

# 대한민국헌법

[시행 1988. 2. 25.] [헌법 제10호, 1987. 10. 29, 전부개정]

### 전문

유구한 역사와 전통에 빛나는 우리 대한국민은 3·1운동으로 건립된 대한민국임시정부의 법통과 불의에 항거한 4·19민주이념을 계승하고, 조국의 민주개혁과 평화적 통일의 사명에 입각하여 정의·인도와 동포애로써 민족의 단결을 공고히 하고, 모든 사회적 폐습과 불의를 타파하며, 자율과 조화를 바탕으로 자유민주적 기본질서를 더욱 확고히 하여 정치·경제·사회·문화의 모든 영역에 있어서 각인의 기회를 균등히 하고, 능력을 최고도로 발휘하게 하며, 자유와 권리에 따르는 책임과 의무를 완수하게 하여, 안으로는 국민생활의 균등한 향상을 기하고 밖으로는 항구적인 세계평화와 인류공영에 이바지함으로써 우리들과 우리들의 자손의 안전과 자유와 행복을 영원히 확보할 것을 다짐하면서 1948년 7월 12일에 제정되고 8차에 걸쳐 개정된 헌법을 이제 국회의 의결을 거쳐 국민투표에 의하여 개정한다.

### 제1장 총강

제1조　① 대한민국은 민주공화국이다.
　　　　② 대한민국의 주권은 국민에게 있고, 모든 권력은 국민으로부터 나온다.
제2조　① 대한민국의 국민이 되는 요건은 법률로 정한다.
　　　　② 국가는 법률이 정하는 바에 의하여 재외국민을 보호할 의무를 진다.
제3조　대한민국의 영토는 한반도와 그 부속도서로 한다.
제4조　대한민국은 통일을 지향하며, 자유민주적 기본질서에 입각한 평화적 통일 정책을 수립하고 이를 추진한다.
제5조　① 대한민국은 국제평화의 유지에 노력하고 침략적 전쟁을 부인한다.
　　　　② 국군은 국가의 안전보장과 국토방위의 신성한 의무를 수행함을 사명으로 하며, 그 정치적 중립성은 준수된다.
제6조　① 헌법에 의하여 체결·공포된 조약과 일반적으로 승인된 국제법규는 국내법과 같은 효력을 가진다.

제7조 ② 외국인은 국제법과 조약이 정하는 바에 의하여 그 지위가 보장된다.
제7조 ① 공무원은 국민전체에 대한 봉사자이며, 국민에 대하여 책임을 진다.
② 공무원의 신분과 정치적 중립성은 법률이 정하는 바에 의하여 보장된다.
제8조 ① 정당의 설립은 자유이며, 복수정당제는 보장된다.
② 정당은 그 목적·조직과 활동이 민주적이어야 하며, 국민의 정치적 의사형성에 참여하는데 필요한 조직을 가져야 한다.
③ 정당은 법률이 정하는 바에 의하여 국가의 보호를 받으며, 국가는 법률이 정하는 바에 의하여 정당운영에 필요한 자금을 보조할 수 있다.
④ 정당의 목적이나 활동이 민주적 기본질서에 위배될 때에는 정부는 헌법재판소에 그 해산을 제소할 수 있고, 정당은 헌법재판소의 심판에 의하여 해산된다.
제9조 국가는 전통문화의 계승·발전과 민족문화의 창달에 노력하여야 한다.

### 제2장 국민의 권리와 의무

제10조 모든 국민은 인간으로서의 존엄과 가치를 가지며, 행복을 추구할 권리를 가진다. 국가는 개인이 가지는 불가침의 기본적 인권을 확인하고 이를 보장할 의무를 진다.
제11조 ① 모든 국민은 법 앞에 평등하다. 누구든지 성별·종교 또는 사회적 신분에 의하여 정치적·경제적·사회적·문화적 생활의 모든 영역에 있어서 차별을 받지 아니한다.
② 사회적 특수계급의 제도는 인정되지 아니하며, 어떠한 형태로도 이를 창설할 수 없다.
③ 훈장 등의 영전은 이를 받은 자에게만 효력이 있고, 어떠한 특권도 이에 따르지 아니한다.
제12조 ① 모든 국민은 신체의 자유를 가진다. 누구든지 법률에 의하지 아니하고는 체포·구속·압수·수색 또는 심문을 받지 아니하며, 법률과 적법한 절차에 의하지 아니하고는 처벌·보안처분 또는 강제노역을 받지 아니한다.
② 모든 국민은 고문을 받지 아니하며, 형사상 자기에게 불리한 진술을 강요당하지 아니한다.
③ 체포·구속·압수 또는 수색을 할 때에는 적법한 절차에 따라 검사의 신청에 의하여 법관이 발부한 영장을 제시하여야 한다. 다만, 현행범인인 경우와 장기 3년 이상의 형에 해당하는 죄를 범하고 도피 또는 증거인멸의 염려가 있을 때에는 사후에 영장을 청구할 수 있다.

④ 누구든지 체포 또는 구속을 당한 때에는 즉시 변호인의 조력을 받을 권리를 가진다. 다만, 형사피고인이 스스로 변호인을 구할 수 없을 때에는 법률이 정하는 바에 의하여 국가가 변호인을 붙인다.

⑤ 누구든지 체포 또는 구속의 이유와 변호인의 조력을 받을 권리가 있음을 고지받지 아니하고는 체포 또는 구속을 당하지 아니한다. 체포 또는 구속을 당한 자의 가족 등 법률이 정하는 자에게는 그 이유와 일시·장소가 지체없이 통지되어야 한다.

⑥ 누구든지 체포 또는 구속을 당한 때에는 적부의 심사를 법원에 청구할 권리를 가진다.

⑦ 피고인의 자백이 고문·폭행·협박·구속의 부당한 장기화 또는 기망 기타의 방법에 의하여 자의로 진술된 것이 아니라고 인정될 때 또는 정식재판에 있어서 피고인의 자백이 그에게 불리한 유일한 증거일 때에는 이를 유죄의 증거로 삼거나 이를 이유로 처벌할 수 없다.

제13조 ① 모든 국민은 행위시의 법률에 의하여 범죄를 구성하지 아니하는 행위로 소추되지 아니하며, 동일한 범죄에 대하여 거듭 처벌받지 아니한다.

② 모든 국민은 소급입법에 의하여 참정권의 제한을 받거나 재산권을 박탈당하지 아니한다.

③ 모든 국민은 자기의 행위가 아닌 친족의 행위로 인하여 불이익한 처우를 받지 아니한다.

제14조 모든 국민은 거주·이전의 자유를 가진다.

제15조 모든 국민은 직업선택의 자유를 가진다.

제16조 모든 국민은 주거의 자유를 침해받지 아니한다. 주거에 대한 압수나 수색을 할 때에는 검사의 신청에 의하여 법관이 발부한 영장을 제시하여야 한다.

제17조 모든 국민은 사생활의 비밀과 자유를 침해받지 아니한다.

제18조 모든 국민은 통신의 비밀을 침해받지 아니한다.

제19조 모든 국민은 양심의 자유를 가진다.

제20조 ① 모든 국민은 종교의 자유를 가진다.

② 국교는 인정되지 아니하며, 종교와 정치는 분리된다.

제21조 ① 모든 국민은 언론·출판의 자유와 집회·결사의 자유를 가진다.

② 언론·출판에 대한 허가나 검열과 집회·결사에 대한 허가는 인정되지 아니한다.

③ 통신·방송의 시설기준과 신문의 기능을 보장하기 위하여 필요한 사항은 법률로 정한다.

④ 언론·출판은 타인의 명예나 권리 또는 공중도덕이나 사회윤리를 침해하여서는 아니된다. 언론·출판이 타인의 명예나 권리를 침해한 때에는 피해자는 이에 대한 피해의

|     |     |
| --- | --- |
| | 배상을 청구할 수 있다. |
| 제22조 | ① 모든 국민은 학문과 예술의 자유를 가진다. |
| | ② 저작자·발명가·과학기술자와 예술가의 권리는 법률로써 보호한다. |
| 제23조 | ① 모든 국민의 재산권은 보장된다. 그 내용과 한계는 법률로 정한다. |
| | ② 재산권의 행사는 공공복리에 적합하도록 하여야 한다. |
| | ③ 공공필요에 의한 재산권의 수용·사용 또는 제한 및 그에 대한 보상은 법률로써 하되, 정당한 보상을 지급하여야 한다. |
| 제24조 | 모든 국민은 법률이 정하는 바에 의하여 선거권을 가진다. |
| 제25조 | 모든 국민은 법률이 정하는 바에 의하여 공무담임권을 가진다. |
| 제26조 | ① 모든 국민은 법률이 정하는 바에 의하여 국가기관에 문서로 청원할 권리를 가진다. |
| | ② 국가는 청원에 대하여 심사할 의무를 진다. |
| 제27조 | ① 모든 국민은 헌법과 법률이 정한 법관에 의하여 법률에 의한 재판을 받을 권리를 가진다. |
| | ② 군인 또는 군무원이 아닌 국민은 대한민국의 영역 안에서는 중대한 군사상 기밀·초병·초소·유독음식물공급·포로·군용물에 관한 죄 중 법률이 정한 경우와 비상계엄이 선포된 경우를 제외하고는 군사법원의 재판을 받지 아니한다. |
| | ③ 모든 국민은 신속한 재판을 받을 권리를 가진다. 형사피고인은 상당한 이유가 없는 한 지체없이 공개재판을 받을 권리를 가진다. |
| | ④ 형사피고인은 유죄의 판결이 확정될 때까지는 무죄로 추정된다. |
| | ⑤ 형사피해자는 법률이 정하는 바에 의하여 당해 사건의 재판절차에서 진술할 수 있다. |
| 제28조 | 형사피의자 또는 형사피고인으로서 구금되었던 자가 법률이 정하는 불기소처분을 받거나 무죄판결을 받은 때에는 법률이 정하는 바에 의하여 국가에 정당한 보상을 청구할 수 있다. |
| 제29조 | ① 공무원의 직무상 불법행위로 손해를 받은 국민은 법률이 정하는 바에 의하여 국가 또는 공공단체에 정당한 배상을 청구할 수 있다. 이 경우 공무원 자신의 책임은 면제되지 아니한다. |
| | ② 군인·군무원·경찰공무원 기타 법률이 정하는 자가 전투·훈련 등 직무집행과 관련하여 받은 손해에 대하여는 법률이 정하는 보상외에 국가 또는 공공단체에 공무원의 직무상 불법행위로 인한 배상은 청구할 수 없다. |
| 제30조 | 타인의 범죄행위로 인하여 생명·신체에 대한 피해를 받은 국민은 법률이 정하는 바에 의하여 국가로부터 구조를 받을 수 있다. |
| 제31조 | ① 모든 국민은 능력에 따라 균등하게 교육을 받을 권리를 가진다. |

② 모든 국민은 그 보호하는 자녀에게 적어도 초등교육과 법률이 정하는 교육을 받게 할 의무를 진다.

③ 의무교육은 무상으로 한다.

④ 교육의 자주성·전문성·정치적 중립성 및 대학의 자율성은 법률이 정하는 바에 의하여 보장된다.

⑤ 국가는 평생교육을 진흥하여야 한다.

⑥ 학교교육 및 평생교육을 포함한 교육제도와 그 운영, 교육재정 및 교원의 지위에 관한 기본적인 사항은 법률로 정한다.

제32조 ① 모든 국민은 근로의 권리를 가진다. 국가는 사회적·경제적 방법으로 근로자의 고용의 증진과 적정임금의 보장에 노력하여야 하며, 법률이 정하는 바에 의하여 최저임금제를 시행하여야 한다.

② 모든 국민은 근로의 의무를 진다. 국가는 근로의 의무의 내용과 조건을 민주주의원칙에 따라 법률로 정한다.

③ 근로조건의 기준은 인간의 존엄성을 보장하도록 법률로 정한다.

④ 여자의 근로는 특별한 보호를 받으며, 고용·임금 및 근로조건에 있어서 부당한 차별을 받지 아니한다.

⑤ 연소자의 근로는 특별한 보호를 받는다.

⑥ 국가유공자·상이군경 및 전몰군경의 유가족은 법률이 정하는 바에 의하여 우선적으로 근로의 기회를 부여받는다.

제33조 ① 근로자는 근로조건의 향상을 위하여 자주적인 단결권·단체교섭권 및 단체행동권을 가진다.

② 공무원인 근로자는 법률이 정하는 자에 한하여 단결권·단체교섭권 및 단체행동권을 가진다.

③ 법률이 정하는 주요방위산업체에 종사하는 근로자의 단체행동권은 법률이 정하는 바에 의하여 이를 제한하거나 인정하지 아니할 수 있다.

제34조 ① 모든 국민은 인간다운 생활을 할 권리를 가진다.

② 국가는 사회보장·사회복지의 증진에 노력할 의무를 진다.

③ 국가는 여자의 복지와 권익의 향상을 위하여 노력하여야 한다.

④ 국가는 노인과 청소년의 복지향상을 위한 정책을 실시할 의무를 진다.

⑤ 신체장애자 및 질병·노령 기타의 사유로 생활능력이 없는 국민은 법률이 정하는 바에 의하여 국가의 보호를 받는다.

⑥ 국가는 재해를 예방하고 그 위험으로부터 국민을 보호하기 위하여 노력하여야 한다.

제35조　① 모든 국민은 건강하고 쾌적한 환경에서 생활할 권리를 가지며, 국가와 국민은 환경보전을 위하여 노력하여야 한다.
② 환경권의 내용과 행사에 관하여는 법률로 정한다.
③ 국가는 주택개발정책 등을 통하여 모든 국민이 쾌적한 주거생활을 할 수 있도록 노력하여야 한다.

제36조　① 혼인과 가족생활은 개인의 존엄과 양성의 평등을 기초로 성립되고 유지되어야 하며, 국가는 이를 보장한다.
② 국가는 모성의 보호를 위하여 노력하여야 한다.
③ 모든 국민은 보건에 관하여 국가의 보호를 받는다.

제37조　① 국민의 자유와 권리는 헌법에 열거되지 아니한 이유로 경시되지 아니한다.
② 국민의 모든 자유와 권리는 국가안전보장·질서유지 또는 공공복리를 위하여 필요한 경우에 한하여 법률로써 제한할 수 있으며, 제한하는 경우에도 자유와 권리의 본질적인 내용을 침해할 수 없다.

제38조　모든 국민은 법률이 정하는 바에 의하여 납세의 의무를 진다.

제39조　① 모든 국민은 법률이 정하는 바에 의하여 국방의 의무를 진다.
② 누구든지 병역의무의 이행으로 인하여 불이익한 처우를 받지 아니한다.

## 제3장 국회

제40조　입법권은 국회에 속한다.

제41조　① 국회는 국민의 보통·평등·직접·비밀선거에 의하여 선출된 국회의원으로 구성한다.
② 국회의원의 수는 법률로 정하되, 200인 이상으로 한다.
③ 국회의원의 선거구와 비례대표제 기타 선거에 관한 사항은 법률로 정한다.

제42조　국회의원의 임기는 4년으로 한다.

제43조　국회의원은 법률이 정하는 직을 겸할 수 없다.

제44조　① 국회의원은 현행범인인 경우를 제외하고는 회기 중 국회의 동의없이 체포 또는 구금되지 아니한다.
② 국회의원이 회기 전에 체포 또는 구금된 때에는 현행범인이 아닌 한 국회의 요구가 있으면 회기 중 석방된다.

제45조 국회의원은 국회에서 직무상 행한 발언과 표결에 관하여 국회 외에서 책임을 지지 아니한다.

제46조 ① 국회의원은 청렴의 의무가 있다.

② 국회의원은 국가이익을 우선하여 양심에 따라 직무를 행한다.

③ 국회의원은 그 지위를 남용하여 국가·공공단체 또는 기업체와의 계약이나 그 처분에 의하여 재산상의 권리·이익 또는 직위를 취득하거나 타인을 위하여 그 취득을 알선할 수 없다.

제47조 ① 국회의 정기회는 법률이 정하는 바에 의하여 매년 1회 집회되며, 국회의 임시회는 대통령 또는 국회재적의원 4분의 1 이상의 요구에 의하여 집회된다.

② 정기회의 회기는 100일을, 임시회의 회기는 30일을 초과할 수 없다.

③ 대통령이 임시회의 집회를 요구할 때에는 기간과 집회요구의 이유를 명시하여야 한다.

제48조 국회는 의장 1인과 부의장 2인을 선출한다.

제49조 국회는 헌법 또는 법률에 특별한 규정이 없는 한 재적의원 과반수의 출석과 출석의원 과반수의 찬성으로 의결한다. 가부동수인 때에는 부결된 것으로 본다.

제50조 ① 국회의 회의는 공개한다. 다만, 출석의원 과반수의 찬성이 있거나 의장이 국가의 안전보장을 위하여 필요하다고 인정할 때에는 공개하지 아니할 수 있다.

② 공개하지 아니한 회의내용의 공표에 관하여는 법률이 정하는 바에 의한다.

제51조 국회에 제출된 법률안 기타의 의안은 회기 중에 의결되지 못한 이유로 폐기되지 아니한다. 다만, 국회의원의 임기가 만료된 때에는 그러하지 아니하다.

제52조 국회의원과 정부는 법률안을 제출할 수 있다.

제53조 ① 국회에서 의결된 법률안은 정부에 이송되어 15일 이내에 대통령이 공포한다.

② 법률안에 이의가 있을 때에는 대통령은 제1항의 기간 내에 이의서를 붙여 국회로 환부하고, 그 재의를 요구할 수 있다. 국회의 폐회 중에도 또한 같다.

③ 대통령은 법률안의 일부에 대하여 또는 법률안을 수정하여 재의를 요구할 수 없다.

④ 재의의 요구가 있을 때에는 국회는 재의에 붙이고, 재적의원 과반수의 출석과 출석의원 3분의 2 이상의 찬성으로 전과 같은 의결을 하면 그 법률안은 법률로서 확정된다.

⑤ 대통령이 제1항의 기간 내에 공포나 재의의 요구를 하지 아니한 때에도 그 법률안은 법률로서 확정된다.

⑥ 대통령은 제4항과 제5항의 규정에 의하여 확정된 법률을 지체없이 공포하여야 한다. 제5항에 의하여 법률이 확정된 후 또는 제4항에 의한 확정법률이 정부에 이송된 후 5일 이내에 대통령이 공포하지 아니할 때에는 국회의장이 이를 공포한다.

⑦ 법률은 특별한 규정이 없는 한 공포한 날로부터 20일을 경과함으로써 효력을 발생한다.

제54조 ① 국회는 국가의 예산안을 심의·확정한다.

② 정부는 회계연도마다 예산안을 편성하여 회계연도 개시 90일 전까지 국회에 제출하고, 국회는 회계연도 개시 30일 전까지 이를 의결하여야 한다.

③ 새로운 회계연도가 개시될 때까지 예산안이 의결되지 못한 때에는 정부는 국회에서 예산안이 의결될 때까지 다음의 목적을 위한 경비는 전년도 예산에 준하여 집행할 수 있다.

    1. 헌법이나 법률에 의하여 설치된 기관 또는 시설의 유지·운영

    2. 법률상 지출의무의 이행

    3. 이미 예산으로 승인된 사업의 계속

제55조 ① 한 회계연도를 넘어 계속하여 지출할 필요가 있을 때에는 정부는 연한을 정하여 계속비로서 국회의 의결을 얻어야 한다.

② 예비비는 총액으로 국회의 의결을 얻어야 한다. 예비비의 지출은 차기국회의 승인을 얻어야 한다.

제56조 정부는 예산에 변경을 가할 필요가 있을 때에는 추가경정예산안을 편성하여 국회에 제출할 수 있다.

제57조 국회는 정부의 동의없이 정부가 제출한 지출예산 각항의 금액을 증가하거나 새 비목을 설치할 수 없다.

제58조 국채를 모집하거나 예산외에 국가의 부담이 될 계약을 체결하려 할 때에는 정부는 미리 국회의 의결을 얻어야 한다.

제59조 조세의 종목과 세율은 법률로 정한다.

제60조 ① 국회는 상호원조 또는 안전보장에 관한 조약, 중요한 국제조직에 관한 조약, 우호통상항해조약, 주권의 제약에 관한 조약, 강화조약, 국가나 국민에게 중대한 재정적 부담을 지우는 조약 또는 입법사항에 관한 조약의 체결·비준에 대한 동의권을 가진다.

② 국회는 선전포고, 국군의 외국에의 파견 또는 외국군대의 대한민국 영역 안에서의 주류에 대한 동의권을 가진다.

제61조 ① 국회는 국정을 감사하거나 특정한 국정사안에 대하여 조사할 수 있으며, 이에 필요한 서류의 제출 또는 증인의 출석과 증언이나 의견의 진술을 요구할 수 있다.

② 국정감사 및 조사에 관한 절차 기타 필요한 사항은 법률로 정한다.

제62조 ① 국무총리·국무위원 또는 정부위원은 국회나 그 위원회에 출석하여 국정처리상황을 보고하거나 의견을 진술하고 질문에 응답할 수 있다.

② 국회나 그 위원회의 요구가 있을 때에는 국무총리·국무위원 또는 정부위원은

출석·답변하여야 하며, 국무총리 또는 국무위원이 출석요구를 받은 때에는 국무위원 또는 정부위원으로 하여금 출석·답변하게 할 수 있다.

제63조 ① 국회는 국무총리 또는 국무위원의 해임을 대통령에게 건의할 수 있다.

② 제1항의 해임건의는 국회재적의원 3분의 1 이상의 발의에 의하여 국회재적의원 과반수의 찬성이 있어야 한다.

제64조 ① 국회는 법률에 저촉되지 아니하는 범위 안에서 의사와 내부규율에 관한 규칙을 제정할 수 있다.

② 국회는 의원의 자격을 심사하며, 의원을 징계할 수 있다.

③ 의원을 제명하려면 국회재적의원 3분의 2 이상의 찬성이 있어야 한다.

④ 제2항과 제3항의 처분에 대하여는 법원에 제소할 수 없다.

제65조 ① 대통령·국무총리·국무위원·행정각부의 장·헌법재판소 재판관·법관·중앙선거관리위원회 위원·감사원장·감사위원 기타 법률이 정한 공무원이 그 직무집행에 있어서 헌법이나 법률을 위배한 때에는 국회는 탄핵의 소추를 의결할 수 있다.

② 제1항의 탄핵소추는 국회재적의원 3분의 1 이상의 발의가 있어야 하며, 그 의결은 국회재적의원 과반수의 찬성이 있어야 한다. 다만, 대통령에 대한 탄핵소추는 국회재적의원 과반수의 발의와 국회재적의원 3분의 2 이상의 찬성이 있어야 한다.

③ 탄핵소추의 의결을 받은 자는 탄핵심판이 있을 때까지 그 권한행사가 정지된다.

④ 탄핵결정은 공직으로부터 파면함에 그친다. 그러나 이에 의하여 민사상이나 형사상의 책임이 면제되지는 아니한다.

### 제4장 정부

**제1절 대통령**

제66조 ① 대통령은 국가의 원수이며, 외국에 대하여 국가를 대표한다.

② 대통령은 국가의 독립·영토의 보전·국가의 계속성과 헌법을 수호할 책무를 진다.

③ 대통령은 조국의 평화적 통일을 위한 성실한 의무를 진다.

④ 행정권은 대통령을 수반으로 하는 정부에 속한다.

제67조 ① 대통령은 국민의 보통·평등·직접·비밀선거에 의하여 선출한다.

② 제1항의 선거에 있어서 최고득표자가 2인 이상인 때에는 국회의 재적의원 과반수가 출석한 공개회의에서 다수표를 얻은 자를 당선자로 한다.

③ 대통령후보자가 1인일 때에는 그 득표수가 선거권자 총수의 3분의 1 이상이 아니면 대통령으로 당선될 수 없다.
④ 대통령으로 선거될 수 있는 자는 국회의원의 피선거권이 있고 선거일 현재 40세에 달하여야 한다.
⑤ 대통령의 선거에 관한 사항은 법률로 정한다.

제68조 ① 대통령의 임기가 만료되는 때에는 임기만료 70일 내지 40일 전에 후임자를 선거한다.
② 대통령이 궐위된 때 또는 대통령 당선자가 사망하거나 판결 기타의 사유로 그 자격을 상실한 때에는 60일 이내에 후임자를 선거한다.

제69조 대통령은 취임에 즈음하여 다음의 선서를 한다.
"나는 헌법을 준수하고 국가를 보위하며 조국의 평화적 통일과 국민의 자유와 복리의 증진 및 민족문화의 창달에 노력하여 대통령으로서의 직책을 성실히 수행할 것을 국민 앞에 엄숙히 선서합니다."

제70조 대통령의 임기는 5년으로 하며, 중임할 수 없다.

제71조 대통령이 궐위되거나 사고로 인하여 직무를 수행할 수 없을 때에는 국무총리, 법률이 정한 국무위원의 순서로 그 권한을 대행한다.

제72조 대통령은 필요하다고 인정할 때에는 외교·국방·통일 기타 국가안위에 관한 중요정책을 국민투표에 붙일 수 있다.

제73조 대통령은 조약을 체결·비준하고, 외교사절을 신임·접수 또는 파견하며, 선전포고와 강화를 한다.

제74조 ① 대통령은 헌법과 법률이 정하는 바에 의하여 국군을 통수한다.
② 국군의 조직과 편성은 법률로 정한다.

제75조 대통령은 법률에서 구체적으로 범위를 정하여 위임받은 사항과 법률을 집행하기 위하여 필요한 사항에 관하여 대통령령을 발할 수 있다.

제76조 ① 대통령은 내우·외환·천재·지변 또는 중대한 재정·경제상의 위기에 있어서 국가의 안전보장 또는 공공의 안녕질서를 유지하기 위하여 긴급한 조치가 필요하고 국회의 집회를 기다릴 여유가 없을 때에 한하여 최소한으로 필요한 재정·경제상의 처분을 하거나 이에 관하여 법률의 효력을 가지는 명령을 발할 수 있다.
② 대통령은 국가의 안위에 관계되는 중대한 교전상태에 있어서 국가를 보위하기 위하여 긴급한 조치가 필요하고 국회의 집회가 불가능한 때에 한하여 법률의 효력을 가지는 명령을 발할 수 있다.
③ 대통령은 제1항과 제2항의 처분 또는 명령을 한 때에는 지체없이 국회에 보고하여 그

　　　　승인을 얻어야 한다.
　　　　④ 제3항의 승인을 얻지 못한 때에는 그 처분 또는 명령은 그때부터 효력을 상실한다.
　　　　이 경우 그 명령에 의하여 개정 또는 폐지되었던 법률은 그 명령이 승인을 얻지 못한 때부터
　　　　당연히 효력을 회복한다.
　　　　⑤ 대통령은 제3항과 제4항의 사유를 지체없이 공포하여야 한다.
제77조　① 대통령은 전시·사변 또는 이에 준하는 국가비상사태에 있어서 병력으로써 군사상의
　　　　필요에 응하거나 공공의 안녕질서를 유지할 필요가 있을 때에는 법률이 정하는 바에
　　　　의하여 계엄을 선포할 수 있다.
　　　　② 계엄은 비상계엄과 경비계엄으로 한다.
　　　　③ 비상계엄이 선포된 때에는 법률이 정하는 바에 의하여 영장제도, 언론·출판·집회·
　　　　결사의 자유, 정부나 법원의 권한에 관하여 특별한 조치를 할 수 있다.
　　　　④ 계엄을 선포한 때에는 대통령은 지체없이 국회에 통고하여야 한다.
　　　　⑤ 국회가 재적의원 과반수의 찬성으로 계엄의 해제를 요구한 때에는 대통령은 이를
　　　　해제하여야 한다.
제78조　대통령은 헌법과 법률이 정하는 바에 의하여 공무원을 임면한다.
제79조　① 대통령은 법률이 정하는 바에 의하여 사면·감형 또는 복권을 명할 수 있다.
　　　　② 일반사면을 명하려면 국회의 동의를 얻어야 한다.
　　　　③ 사면·감형 및 복권에 관한 사항은 법률로 정한다.
제80조　대통령은 법률이 정하는 바에 의하여 훈장 기타의 영전을 수여한다.
제81조　대통령은 국회에 출석하여 발언하거나 서한으로 의견을 표시할 수 있다.
제82조　대통령의 국법상 행위는 문서로써 하며, 이 문서에는 국무총리와 관계 국무위원이
　　　　부서한다. 군사에 관한 것도 또한 같다.
제83조　대통령은 국무총리·국무위원·행정각부의 장 기타 법률이 정하는 공사의 직을 겸할 수
　　　　없다.
제84조　대통령은 내란 또는 외환의 죄를 범한 경우를 제외하고는 재직중 형사상의 소추를 받지
　　　　아니한다.
제85조　전직대통령의 신분과 예우에 관하여는 법률로 정한다.

### 제2절 행정부
#### 제1관 국무총리와 국무위원
제86조　① 국무총리는 국회의 동의를 얻어 대통령이 임명한다.

제87조 ② 국무총리는 대통령을 보좌하며, 행정에 관하여 대통령의 명을 받아 행정각부를 통할한다.
③ 군인은 현역을 면한 후가 아니면 국무총리로 임명될 수 없다.
제87조 ① 국무위원은 국무총리의 제청으로 대통령이 임명한다.
② 국무위원은 국정에 관하여 대통령을 보좌하며, 국무회의의 구성원으로서 국정을 심의한다.
③ 국무총리는 국무위원의 해임을 대통령에게 건의할 수 있다.
④ 군인은 현역을 면한 후가 아니면 국무위원으로 임명될 수 없다.

**제2관 국무회의**

제88조 ① 국무회의는 정부의 권한에 속하는 중요한 정책을 심의한다.
② 국무회의는 대통령·국무총리와 15인 이상 30인 이하의 국무위원으로 구성한다.
③ 대통령은 국무회의의 의장이 되고, 국무총리는 부의장이 된다.
제89조 다음 사항은 국무회의의 심의를 거쳐야 한다.
  1. 국정의 기본계획과 정부의 일반정책
  2. 선전·강화 기타 중요한 대외정책
  3. 헌법개정안·국민투표안·조약안·법률안 및 대통령령안
  4. 예산안·결산·국유재산처분의 기본계획·국가의 부담이 될 계약 기타 재정에 관한 중요사항
  5. 대통령의 긴급명령·긴급재정경제처분 및 명령 또는 계엄과 그 해제
  6. 군사에 관한 중요사항
  7. 국회의 임시회 집회의 요구
  8. 영전수여
  9. 사면·감형과 복권
  10. 행정각부간의 권한의 획정
  11. 정부안의 권한의 위임 또는 배정에 관한 기본계획
  12. 국정처리상황의 평가·분석
  13. 행정각부의 중요한 정책의 수립과 조정
  14. 정당해산의 제소
  15. 정부에 제출 또는 회부된 정부의 정책에 관계되는 청원의 심사
  16. 검찰총장·합동참모의장·각군참모총장·국립대학교총장·대사 기타 법률이 정한

　　　　공무원과 국영기업체관리자의 임명
　　　17. 기타 대통령·국무총리 또는 국무위원이 제출한 사항
제90조　① 국정의 중요한 사항에 관한 대통령의 자문에 응하기 위하여 국가원로로 구성되는 국가원로자문회의를 둘 수 있다.
　　　② 국가원로자문회의의 의장은 직전대통령이 된다. 다만, 직전대통령이 없을 때에는 대통령이 지명한다.
　　　③ 국가원로자문회의의 조직·직무범위 기타 필요한 사항은 법률로 정한다.
제91조　① 국가안전보장에 관련되는 대외정책·군사정책과 국내정책의 수립에 관하여 국무회의의 심의에 앞서 대통령의 자문에 응하기 위하여 국가안전보장회의를 둔다.
　　　② 국가안전보장회의는 대통령이 주재한다.
　　　③ 국가안전보장회의의 조직·직무범위 기타 필요한 사항은 법률로 정한다.
제92조　① 평화통일정책의 수립에 관한 대통령의 자문에 응하기 위하여 민주평화통일자문회의를 둘 수 있다.
　　　② 민주평화통일자문회의의 조직·직무범위 기타 필요한 사항은 법률로 정한다.
제93조　① 국민경제의 발전을 위한 중요정책의 수립에 관하여 대통령의 자문에 응하기 위하여 국민경제자문회의를 둘 수 있다.
　　　② 국민경제자문회의의 조직·직무범위 기타 필요한 사항은 법률로 정한다.

### 제3관 행정각부

제94조　행정각부의 장은 국무위원 중에서 국무총리의 제청으로 대통령이 임명한다.
제95조　국무총리 또는 행정각부의 장은 소관사무에 관하여 법률이나 대통령령의 위임 또는 직권으로 총리령 또는 부령을 발할 수 있다.
제96조　행정각부의 설치·조직과 직무범위는 법률로 정한다.

### 제4관 감사원

제97조　국가의 세입·세출의 결산, 국가 및 법률이 정한 단체의 회계검사와 행정기관 및 공무원의 직무에 관한 감찰을 하기 위하여 대통령 소속하에 감사원을 둔다.
제98조　① 감사원은 원장을 포함한 5인 이상 11인 이하의 감사위원으로 구성한다.
　　　② 원장은 국회의 동의를 얻어 대통령이 임명하고, 그 임기는 4년으로 하며, 1차에 한하여 중임할 수 있다.
　　　③ 감사위원은 원장의 제청으로 대통령이 임명하고, 그 임기는 4년으로 하며, 1차에 한하여

제99조  감사원은 세입·세출의 결산을 매년 검사하여 대통령과 차년도 국회에 그 결과를 보고하여야 한다.

제100조  감사원의 조직·직무범위·감사위원의 자격·감사대상공무원의 범위 기타 필요한 사항은 법률로 정한다.

### 제5장 법원

제101조  ① 사법권은 법관으로 구성된 법원에 속한다.
② 법원은 최고법원인 대법원과 각급법원으로 조직된다.
③ 법관의 자격은 법률로 정한다.

제102조  ① 대법원에 부를 둘 수 있다.
② 대법원에 대법관을 둔다. 다만, 법률이 정하는 바에 의하여 대법관이 아닌 법관을 둘 수 있다.
③ 대법원과 각급법원의 조직은 법률로 정한다.

제103조  법관은 헌법과 법률에 의하여 그 양심에 따라 독립하여 심판한다.

제104조  ① 대법원장은 국회의 동의를 얻어 대통령이 임명한다.
② 대법관은 대법원장의 제청으로 국회의 동의를 얻어 대통령이 임명한다.
③ 대법원장과 대법관이 아닌 법관은 대법관회의의 동의를 얻어 대법원장이 임명한다.

제105조  ① 대법원장의 임기는 6년으로 하며, 중임할 수 없다.
② 대법관의 임기는 6년으로 하며, 법률이 정하는 바에 의하여 연임할 수 있다.
③ 대법원장과 대법관이 아닌 법관의 임기는 10년으로 하며, 법률이 정하는 바에 의하여 연임할 수 있다.
④ 법관의 정년은 법률로 정한다.

제106조  ① 법관은 탄핵 또는 금고 이상의 형의 선고에 의하지 아니하고는 파면되지 아니하며, 징계처분에 의하지 아니하고는 정직·감봉 기타 불리한 처분을 받지 아니한다.
② 법관이 중대한 심신상의 장해로 직무를 수행할 수 없을 때에는 법률이 정하는 바에 의하여 퇴직하게 할 수 있다.

제107조  ① 법률이 헌법에 위반되는 여부가 재판의 전제가 된 경우에는 법원은 헌법재판소에 제청하여 그 심판에 의하여 재판한다.

② 명령·규칙 또는 처분이 헌법이나 법률에 위반되는 여부가 재판의 전제가 된 경우에는 대법원은 이를 최종적으로 심사할 권한을 가진다.

③ 재판의 전심절차로서 행정심판을 할 수 있다. 행정심판의 절차는 법률로 정하되, 사법절차가 준용되어야 한다.

제108조 대법원은 법률에 저촉되지 아니하는 범위 안에서 소송에 관한 절차, 법원의 내부규율과 사무처리에 관한 규칙을 제정할 수 있다.

제109조 재판의 심리와 판결은 공개한다. 다만, 심리는 국가의 안전보장 또는 안녕질서를 방해하거나 선량한 풍속을 해할 염려가 있을 때에는 법원의 결정으로 공개하지 아니할 수 있다.

제110조 ① 군사재판을 관할하기 위하여 특별법원으로서 군사법원을 둘 수 있다.

② 군사법원의 상고심은 대법원에서 관할한다.

③ 군사법원의 조직·권한 및 재판관의 자격은 법률로 정한다.

④ 비상계엄하의 군사재판은 군인·군무원의 범죄나 군사에 관한 간첩죄의 경우와 초병·초소·유독음식물공급·포로에 관한 죄 중 법률이 정한 경우에 한하여 단심으로 할 수 있다. 다만, 사형을 선고한 경우에는 그러하지 아니하다.

### 제6장 헌법재판소

제111조 ① 헌법재판소는 다음 사항을 관장한다.

1. 법원의 제청에 의한 법률의 위헌여부 심판
2. 탄핵의 심판
3. 정당의 해산 심판
4. 국가기관 상호간, 국가기관과 지방자치단체간 및 지방자치단체 상호간의 권한쟁의에 관한 심판
5. 법률이 정하는 헌법소원에 관한 심판

② 헌법재판소는 법관의 자격을 가진 9인의 재판관으로 구성하며, 재판관은 대통령이 임명한다.

③ 제2항의 재판관 중 3인은 국회에서 선출하는 자를, 3인은 대법원장이 지명하는 자를 임명한다.

④ 헌법재판소의 장은 국회의 동의를 얻어 재판관 중에서 대통령이 임명한다.

제112조 ① 헌법재판소 재판관의 임기는 6년으로 하며, 법률이 정하는 바에 의하여 연임할 수 있다.

② 헌법재판소 재판관은 정당에 가입하거나 정치에 관여할 수 없다.
③ 헌법재판소 재판관은 탄핵 또는 금고 이상의 형의 선고에 의하지 아니하고는 파면되지 아니한다.

제113조 ① 헌법재판소에서 법률의 위헌결정, 탄핵의 결정, 정당해산의 결정 또는 헌법소원에 관한 인용결정을 할 때에는 재판관 6인 이상의 찬성이 있어야 한다.
② 헌법재판소는 법률에 저촉되지 아니하는 범위 안에서 심판에 관한 절차, 내부규율과 사무처리에 관한 규칙을 제정할 수 있다.
③ 헌법재판소의 조직과 운영 기타 필요한 사항은 법률로 정한다.

## 제7장 선거관리

제114조 ① 선거와 국민투표의 공정한 관리 및 정당에 관한 사무를 처리하기 위하여 선거관리위원회를 둔다.
② 중앙선거관리위원회는 대통령이 임명하는 3인, 국회에서 선출하는 3인과 대법원장이 지명하는 3인의 위원으로 구성한다. 위원장은 위원 중에서 호선한다.
③ 위원의 임기는 6년으로 한다.
④ 위원은 정당에 가입하거나 정치에 관여할 수 없다.
⑤ 위원은 탄핵 또는 금고 이상의 형의 선고에 의하지 아니하고는 파면되지 아니한다.
⑥ 중앙선거관리위원회는 법령의 범위 안에서 선거관리·국민투표관리 또는 정당사무에 관한 규칙을 제정할 수 있으며, 법률에 저촉되지 아니하는 범위 안에서 내부규율에 관한 규칙을 제정할 수 있다.
⑦ 각급 선거관리위원회의 조직·직무범위 기타 필요한 사항은 법률로 정한다.

제115조 ① 각급 선거관리위원회는 선거인명부의 작성 등 선거사무와 국민투표사무에 관하여 관계 행정기관에 필요한 지시를 할 수 있다.
② 제1항의 지시를 받은 당해 행정기관은 이에 응하여야 한다.

제116조 ① 선거운동은 각급 선거관리위원회의 관리하에 법률이 정하는 범위 안에서 하되, 균등한 기회가 보장되어야 한다.
② 선거에 관한 경비는 법률이 정하는 경우를 제외하고는 정당 또는 후보자에게 부담시킬 수 없다.

### 제8장 지방자치

제117조 ① 지방자치단체는 주민의 복리에 관한 사무를 처리하고 재산을 관리하며, 법령의 범위 안에서 자치에 관한 규정을 제정할 수 있다.
② 지방자치단체의 종류는 법률로 정한다.

제118조 ① 지방자치단체에 의회를 둔다.
② 지방의회의 조직·권한·의원선거와 지방자치단체의 장의 선임방법 기타 지방자치단체의 조직과 운영에 관한 사항은 법률로 정한다.


### 제9장 경제

제119조 ① 대한민국의 경제질서는 개인과 기업의 경제상의 자유와 창의를 존중함을 기본으로 한다.
② 국가는 균형있는 국민경제의 성장 및 안정과 적정한 소득의 분배를 유지하고, 시장의 지배와 경제력의 남용을 방지하며, 경제주체간의 조화를 통한 경제의 민주화를 위하여 경제에 관한 규제와 조정을 할 수 있다.

제120조 ① 광물 기타 중요한 지하자원·수산자원·수력과 경제상 이용할 수 있는 자연력은 법률이 정하는 바에 의하여 일정한 기간 그 채취·개발 또는 이용을 특허할 수 있다.
② 국토와 자원은 국가의 보호를 받으며, 국가는 그 균형있는 개발과 이용을 위하여 필요한 계획을 수립한다.

제121조 ① 국가는 농지에 관하여 경자유전의 원칙이 달성될 수 있도록 노력하여야 하며, 농지의 소작제도는 금지된다.
② 농업생산성의 제고와 농지의 합리적인 이용을 위하거나 불가피한 사정으로 발생하는 농지의 임대차와 위탁경영은 법률이 정하는 바에 의하여 인정된다.

제122조 국가는 국민 모두의 생산 및 생활의 기반이 되는 국토의 효율적이고 균형있는 이용·개발과 보전을 위하여 법률이 정하는 바에 의하여 그에 관한 필요한 제한과 의무를 과할 수 있다.

제123조 ① 국가는 농업 및 어업을 보호·육성하기 위하여 농·어촌종합개발과 그 지원 등 필요한 계획을 수립·시행하여야 한다.
② 국가는 지역간의 균형있는 발전을 위하여 지역경제를 육성할 의무를 진다.
③ 국가는 중소기업을 보호·육성하여야 한다.

④ 국가는 농수산물의 수급균형과 유통구조의 개선에 노력하여 가격안정을 도모함으로써 농·어민의 이익을 보호한다.

⑤ 국가는 농·어민과 중소기업의 자조조직을 육성하여야 하며, 그 자율적 활동과 발전을 보장한다.

제124조 국가는 건전한 소비행위를 계도하고 생산품의 품질향상을 촉구하기 위한 소비자보호운동을 법률이 정하는 바에 의하여 보장한다.

제125조 국가는 대외무역을 육성하며, 이를 규제·조정할 수 있다.

제126조 국방상 또는 국민경제상 긴절한 필요로 인하여 법률이 정하는 경우를 제외하고는, 사영기업을 국유 또는 공유로 이전하거나 그 경영을 통제 또는 관리할 수 없다.

제127조 ① 국가는 과학기술의 혁신과 정보 및 인력의 개발을 통하여 국민경제의 발전에 노력하여야 한다.

② 국가는 국가표준제도를 확립한다.

③ 대통령은 제1항의 목적을 달성하기 위하여 필요한 자문기구를 둘 수 있다.

### 제10장 헌법개정

제128조 ① 헌법개정은 국회재적의원 과반수 또는 대통령의 발의로 제안된다.

② 대통령의 임기연장 또는 중임변경을 위한 헌법개정은 그 헌법개정 제안 당시의 대통령에 대하여는 효력이 없다.

제129조 제안된 헌법개정안은 대통령이 20일 이상의 기간 이를 공고하여야 한다.

제130조 ① 국회는 헌법개정안이 공고된 날로부터 60일 이내에 의결하여야 하며, 국회의 의결은 재적의원 3분의 2 이상의 찬성을 얻어야 한다.

② 헌법개정안은 국회가 의결한 후 30일 이내에 국민투표에 붙여 국회의원선거권자 과반수의 투표와 투표자 과반수의 찬성을 얻어야 한다.

③ 헌법개정안이 제2항의 찬성을 얻은 때에는 헌법개정은 확정되며, 대통령은 즉시 이를 공포하여야 한다.

**부칙** ⟨헌법 제10호, 1987.10.29.⟩

제1조 　이 헌법은 1988년 2월 25일부터 시행한다. 다만, 이 헌법을 시행하기 위하여 필요한 법률의 제정·개정과 이 헌법에 의한 대통령 및 국회의원의 선거 기타 이 헌법시행에 관한 준비는 이 헌법시행 전에 할 수 있다.

제2조 　① 이 헌법에 의한 최초의 대통령선거는 이 헌법시행일 40일 전까지 실시한다.
② 이 헌법에 의한 최초의 대통령의 임기는 이 헌법시행일로부터 개시한다.

제3조 　① 이 헌법에 의한 최초의 국회의원선거는 이 헌법공포일로부터 6월 이내에 실시하며, 이 헌법에 의하여 선출된 최초의 국회의원의 임기는 국회의원선거 후 이 헌법에 의한 국회의 최초의 집회일로부터 개시한다.
② 이 헌법공포 당시의 국회의원의 임기는 제1항에 의한 국회의 최초의 집회일 전일까지로 한다.

제4조 　① 이 헌법시행 당시의 공무원과 정부가 임명한 기업체의 임원은 이 헌법에 의하여 임명된 것으로 본다. 다만, 이 헌법에 의하여 선임방법이나 임명권자가 변경된 공무원과 대법원장 및 감사원장은 이 헌법에 의하여 후임자가 선임될 때까지 그 직무를 행하며, 이 경우 전임자인 공무원의 임기는 후임자가 선임되는 전일까지로 한다.
② 이 헌법시행 당시의 대법원장과 대법원판사가 아닌 법관은 제1항 단서의 규정에 불구하고 이 헌법에 의하여 임명된 것으로 본다.
③ 이 헌법 중 공무원의 임기 또는 중임제한에 관한 규정은 이 헌법에 의하여 그 공무원이 최초로 선출 또는 임명된 때로부터 적용한다.

제5조 　이 헌법시행 당시의 법령과 조약은 이 헌법에 위배되지 아니하는 한 그 효력을 지속한다.

제6조 　이 헌법시행 당시에 이 헌법에 의하여 새로 설치될 기관의 권한에 속하는 직무를 행하고 있는 기관은 이 헌법에 의하여 새로운 기관이 설치될 때까지 존속하며 그 직무를 행한다.